PONS

Grammatik in Bildern
ENGLISCH

von
Brian Melican
und
Astrid Proctor

PONS GmbH
Stuttgart

PONS

Grammatik in Bildern
ENGLISCH

von
Brian Melican
und
Astrid Proctor

Auflage A1 6 5 4 3 / 2017 2016 2015 2014

Projektleitung: Canan Eulenberger-Özdamar
Redaktion: Anika Braunshausen
Bildredaktion: Canan Eulenberger-Özdamar
Logoentwurf: Erwin Poell, Heidelberg
Logoüberarbeitung: Sabine Redlin, Ludwigsburg
Titelfotos: alle Thinkstock - iStock (Hand), Ruth Black (Muffins), ronibgood56 (Welpe), Olha Afanas eva (Erdbeeren)
Einbandgestaltung: Anne Helbich, Stuttgart
Layout: digraf.pl - dtp services
Satz: digraf.pl - dtp services
Druck und Bindung: www.schreckhase.de

Printed in the EU.
ISBN: 978-3-12-562685-0

Neugierig?
Dann treten Sie ein ...

... in ein neues Grammatikerlebnis!

Grammatik mit Bildern – warum?

Einer der Gründe sind Sie selbst und wahrscheinlich auch die Motivation, aus welcher heraus Sie dieses Buch in den Händen halten!

Die meisten Menschen, die eine Sprache lernen, möchten oder müssen sich mit Grammatik beschäftigen. Nicht allen ist wohl dabei und viele schrecken vor Textmassen und unverständlichen Regeln zurück.

Viele dieser Menschen gehören zu den sogenannten „visuellen Lerntypen“, die besser lernen, wenn Lerninhalte visuell, also bildsprachlich, aufbereitet sind.

Visuelles Lernen leicht gemacht

Bilder – aber nicht nur Bilder, sondern auch Grafiken, Formen und Farbe helfen unserem Gehirn, Texte zu strukturieren und zu verstehen.

Dieses Prinzip macht sich dieses Buch zunutze und so können komplexe und „trockene“ Regeln übersichtlich und einfach dargestellt werden.

Diese Grammatik ist dabei kein reines Bilderbuch, vielmehr unterstützt die Visualisierung den Text, bricht die reine Textmasse auf und hilft Ihnen so, sprachliche Inhalte besser zu verstehen und zu verarbeiten.

1 Bild sagt mehr als 1000 Worte

An diesem Sprichwort ist etwas Wahres dran, denn unser Gehirn kann Bilder und visuelle Darstellungen viel schneller aufnehmen als einen Text, der dieselben Inhalte wiedergibt. In der Tat benötigt es dafür nur den Bruchteil von Sekunden.

Werden Sie ruhig emotional ...

... denn an Dinge, für die Sie ein Gefühl entwickeln, erinnern Sie sich eine ganze Weile länger als an Dinge, die Sie „kaltlassen“.

Bilder und visuelle Darstellungen sind dabei bestens dazu geeignet, Emotionen zu vermitteln. Sie prägen sich leichter ein und sorgen für Motivation – die Grundlage für Ihren Lernerfolg!

Durch die Verknüpfung von grammatischen Inhalten und visuellen Darstellungen entsteht die Basis für entspanntes und positives Lernen.

So ist die GRAMMATIK IN BILDERN aufgebaut:

In diesem Buch finden Sie in 17 Kapiteln **alle wichtigen Grammatikthemen der Niveaus A1 – B2** für das Englische.

1 HALLO & WILLKOMMEN!

Jedes Kapitel begrüßt Sie freundlich mit einem großformatigen Bild und stellt Ihnen kurz vor, **worum es in diesem Kapitel geht**.

2 Einstieg – los geht's: SANFT & IN FARBE

Unsere Einstiegsseiten sind bewusst klar & schlicht gehalten, damit Sie sich zunächst nur aufs **Wesentliche** konzentrieren.

Die Doppelseite zeigt Ihnen, welche Themen Sie auf den nächsten Seiten erwarten. Nicht mehr und nicht weniger!

Das klare **Farbleitsystem** sorgt für Struktur und Ordnung, denn: Jede **Farbe steht für ein grammatisches Phänomen**, das im gesamten Kapitel ausschließlich durch diese Farbe gekennzeichnet wird.

3 Die Inhalte – AUGEN AUF UND DURCH!

Die **Farben** der Einstiegsseite werden in jedem Kapitel **konsequent fortgeführt** – so erkennen Sie immer, mit welchem Phänomen Sie sich gerade beschäftigen.

Das Zusammenspiel von **Farbe, grafischen Gestaltungen** und **Bildern** erleichtert Ihnen das Lernen und Memorieren.

Auf lange Textpassagen haben wir bewusst verzichtet, stattdessen finden Sie übersichtliche Lernportionen, die es Ihnen ermöglichen, sich zu konzentrieren und leicht & effizient zu lernen!

Jeder kann Grammatik lernen – Sie müssen nur noch loslegen!

Wir wünschen Ihnen viel Erfolg & Freude dabei.

Ihre PONS-Redaktion

INHALT

IND THE GAP

1 Der Artikel

Was sind Artikel und **wofür** brauche ich sie?

Welche Artikel gibt es im Englischen?

Und **wann** benutze ich welchen?

HE GAP

Im Englischen gibt es, wie im Deutschen, einen **bestimmten** und einen **unbestimmten** Artikel. Beide stehen immer **vor** Substantiven.

Der bestimmte Artikel lautet:

the

Tolle Sache!
Das englische **the** ist im Gegensatz zum Deutschen der / die / das unveränderlich. Egal ob Singular, Plural oder männlich, weiblich, sächlich – es heißt immer **the**.

Im Plural gibt es keinen unbestimmten Artikel.
Man verwendet – wie im Deutschen – einfach nichts:

I can hear **a** plane.	Ich höre ein Flugzeug.
I can hear planes.	Ich höre Flugzeuge.

Der unbestimmte Artikel lautet:

a oder **an**

A wird benutzt, wenn das folgende Wort mit einem Konsonant beginnt.

An wird benutzt, wenn das folgende Wort mit einem Vokal beginnt.

Der bestimmte Artikel

Einer gegen viele

Schauen wir uns zunächst den **bestimmten** Artikel genauer an. Wie gesagt, unabhängig von Numerus, Genus oder Kasus, lautet er im Englischen immer **the**.

Hier einige englische Beispielsätze.
Auf der rechten Seite sehen Sie die deutschen Übersetzungen.

		dog is fat.
		dog's fur is wiry.
You shouldn't feed		dog.
Can I trust		dog?
		caterpillar is green.
		caterpillar's skin is soft.
You shouldn't kill	The /	caterpillar.
The bird follows	the	caterpillar.
		rabbit is cute.
		rabbit's ears are long.
Can I stroke		rabbit?
Don't trust		rabbit!
		caterpillars are green.
		caterpillars' skins are soft.
You shouldn't kill		caterpillars.
The bird follows		caterpillars.

Aussprache

Vor allen Wörtern, die mit einem gesprochenen **Konsonanten** beginnen, sprechen Sie **the** als [ðə] aus: the book

Achtung!
Manche **Vokale** werden **konsonantisch** ausgesprochen – auch hier heißt es [ðə]:
the uniform [ðə ju:nıfo:m]

Vor allen Wörtern, die mit einem gesprochenen **Vokal** beginnen, sprechen Sie **the** als [ði] aus:
the information

Achtung!
Manche **Konsonanten** werden **vokalisch** ausgesprochen – auch hier heißt es [ði]:
the hour [ði auə]

Und hier wird deutlich, mit welchen Schwierigkeiten ein Deutschlerner bei den Artikeln kämpfen muss.

	Der	Hund ist fett
Das Fell	**des**	Hundes ist drahtig.
Du solltest	**den**	Hund nicht füttern.
Kann ich	**dem**	Hund vertrauen?
	Die	Raupe ist grün.
Die Haut	**der**	Raupe ist weich.
Du sollst	**die**	Raupe nicht töten.
Der Vogel folgt	**der**	Raupe.
	Das	Kaninchen ist süß.
Die Ohren	**des**	Kaninchens sind lang.
Kann ich	**das**	Kaninchen streicheln?
Vertrau nicht	**dem**	Kaninchen!
	Die	Raupen sind grün.
Die Haut	**der**	Raupen ist grün.
Du sollst	**die**	Raupen nicht töten.
Der Vogel folgt	**den**	Raupen.

Bis auf wenige Ausnahmen benutzen Sie
the wie im Deutschen: der / die / das.

the Chancellor	der Kanzler
the youngest in the team	der Jüngste im Team
the Scottish	die Schotten
the Atlantic Ocean	der Atlantik
the United States	die USA
the White House	das Weiße Haus
the New York Times	die New York Times
…	

The youngest Scottish bagpipers flew across **the** Atlantic Ocean to compete against **the** USA in **the** world bagpipe championships which took place in **the** grounds of **the** White House.

Die jüngsten schottischen Dudelsackspieler flogen über den Atlantik, um bei der Dudelsack-WM, die im Park des Weißen Hauses stattfand, gegen die USA anzutreten.

Ganz einfach, oder?
Ausnahmen bestätigen allerdings die Regel und deshalb beachten Sie bitte folgenden wichtigen Unterschied:

My little brother is learning to play **the** drums.

Mein kleiner Bruder lernt Schlagzeug.

Darüber hinaus gibt es Situationen, in denen der Artikel gänzlich **wegfällt**:

Vor Wochentagen, Monaten und Feiertagen.

on Monday
am Montag

in June
im Juni

on Valentine's Day
am Valentinstag

Vor Mahlzeiten, außer es handelt sich um eine ganz bestimmte Mahlzeit.

What did you have for breakfast?
Was hast du zum Frühstück gegessen?

The charity dinner was a success.
Das Benefizdinner war ein Erfolg.

Vor Institutionen und öffentlichen Einrichtungen, wie z. B. **school**, **college**, **university**, **jail/prison**, **church** und **hospital**, außer es handelt sich um eine ganz bestimmte Einrichtung.

The thief escaped from prison.
Der Dieb entkam aus dem Gefängnis.

She goes to Cambridge University.
Sie geht auf die Universität Cambridge.

The school is in London.
Die Schule ist in London.

Vor Verkehrsmitteln in Wendungen mit by.

to go by car/bus/train/tuk-tuk
mit dem Auto / dem Bus / der Bahn / dem Tuk- Tuk fahren

Der unbestimmte Artikel

Less is more! Sie dürfen sich erneut freuen, denn es gibt im Englischen auch nur zwei **unbestimmte** Artikel: **a** oder **an**. Egal ob männlich, weiblich oder sächlich, oder ob das Substantiv im Nominativ, Genitiv, Dativ oder Akksuativ steht. Was für eine Erleichterung! Sie müssen lediglich auf eins achten:

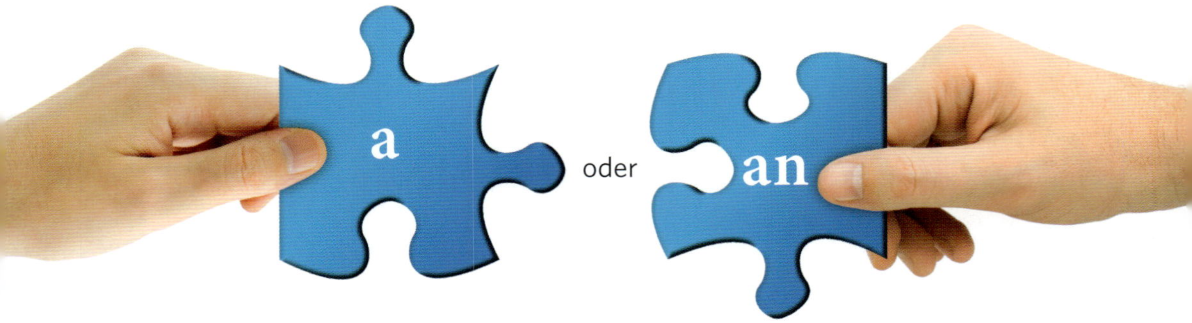

Benutzen Sie **a**, wenn das folgende Wort mit einem gesprochenen Konsonanten anfängt:
a book/**a** cat/**a** blue door

Achtung!
Allein der gesprochene Laut entscheidet, nicht der Buchstabe, mit dem das Wort beginnt!
Deshalb steht **a** auch vor Wörtern wie:

a European [ˌjʊə-]
a uniform [ˈjuː-]
a one-way street [ˈwʌn-]

Benutzen Sie **an**, wenn das folgende Wort mit einem Vokallaut anfängt:
an apple/**an** eye/**an** empty room

Achtung!
Auch hier entscheidet der gesprochene Laut, nicht der Anfangsbuchstabe.
Deshalb steht **an** vor Wörtern wie:

an hour [ˈaʊə]
an honest woman [ˈɒn-]

Sie benutzen den **unbestimmten** Artikel ...

... bei Berufsbezeichnungen

Rajesh is **a** yoga teacher.
Rajesh ist Yogalehrer.

Auch:

Rajesh works as **a** yoga teacher.
Rajesh arbeitet als Yogalehrer.

... vor großen Zahlen wie **hundred**, **thousand**, **million** und **billion** (hier wird **a** anstelle von **one** verwendet)

Simon just won **a** hundred thousand dollars.
Simon hat gerade einhunderttausend Dollar gewonnen.

... bei Mitgliedern von Gruppierungen oder Vereinen

Heinz is **a** member of the antique car club.
Heinz ist Mitglied des Oldtimerclubs.

... nach with und without kann der unbestimmte Artikel stehen, wenn das darauffolgende Substantiv zählbar ist und im Singular steht

Al left the house without an umbrella.
Al ging ohne Schirm aus dem Haus.

2 Die Substantive

Muss ich bei englischen Substantiven **Groß- und Kleinschreibung** beachten?

Welche **Arten** von Substantiven gibt es im Englischen?

Wie bilde ich im Englischen den **Plural**?

Nouns, d. h. Substantive oder Nomen …

bezeichnen

Personen, z. B.
woman, Dr James, child, daddy, president, superhero

Orte, z. B.
school, bedroom, zoo, café, motorway, city

Tiere, z. B.
dog, spider, monster insect, lamb, elephant

Gegenstände, z. B.
book, flower, shirt, pen, saucepan, car

werden unterschieden in

zählbar, z. B.
shoes, girls, stones

oder

unzählbar, z. B.
time, money

konkret, z. B.
sand, chair, goat

oder

abstrakt, z. B.
love, happiness, opinion, afternoon

gibt es

im Singular, z. B.
hat, man, party

und

im Plural, z. B.
hats, men, parties

sind manchmal erkennbar

an ihrer Endung
Typische Substantivendungen sind u.a. **-er**, **-or**, **-ist**, **-ment**, **-tion** und **-ism**, z. B.
writer, visitor, optimist, argument, organization, capitalism

Groß- und Kleinschreibung

Englische Wörter werden, außer am Satzanfang, kleingeschrieben.
Anders als im Deutschen gilt dies sogar für die meisten Substantive.

Robby brings his wife breakfast in bed every morning.
Robby bringt seiner Frau jeden Morgen das Frühstück ans Bett.

Großgeschrieben werden allerdings:

Eigennamen	Pete, Japan, the Tate Gallery, Munich, the Thames
Monate	January, February, March, April …
Wochentage	Monday, Tuesday, Wednesday …
Nationalitäten	Irish, German, Chinese, Chilean
Sprachen	English, French, Hindi
Religionen	Jewish, Muslim, Christian, Buddhist, Hindu
Festtage	Christmas, Ramadan, New Year's Eve, Thanksgiving

Titel und Anrede

Folgende Abkürzungen von Titeln sind im englischen und amerikanischen Alltag geläufig:

Mr …	[ˈmɪstə]	Herr …
Mrs …	[ˈmɪsɪz]	Frau …
Ms …	[m(ə)z] [mɪz]	Frau … für verheiratete oder unverheiratete Frauen, wenn der Familienstand keine Rolle spielt
Miss …	[mɪs]	Frau / Fräulein … für junge Mädchen, junge unverheiratete Frauen
Dr …	[ˈdɒktə]	Herr / Frau Doktor …
Prof …	[prəˈfesə]	Herr / Frau Professor …

Der kleine Unterschied: Abkürzungen von Anreden und Titeln schreiben Sie im britischen Englisch **ohne** und im Amerikanischen **mit Punkt.**

Dear Mr Parker

Dear Mr. Parker

Der Plural

Um den Plural (die Mehrzahl) zu bilden, hängen Sie den allermeisten englischen Substantiven einfach ein **-s** an:

one dog > two dog**s**
one girl > two girl**s**
one radio > two radio**s**

Darüber hinaus gibt es ein paar einfache Faustregeln, die Sie sich sicher anhand des folgenden Flowcharts gut merken können.

Wort endet auf

-s, -x, -z, -sh, -ch, -ss	Konsonant + -y	-f / -fe
bus, fox, quiz, bush, church, dress	**baby, lady, party**	**leaf, knife, wife**
-es anhängen	-y durch -i ersetzen und -es anhängen	-f / -fe durch -v ersetzen und -es anhängen
buses, foxes, bushes, dresses,	**babies, ladies, parties**	**leaves, knives, wives**

quizzes (Achtung: hier müssen Sie das z verdoppeln!)
churches (Achtung: wenn die Endung -ch wie [k] ausgesprochen wird, dann hängen Sie nur -s an: stomach - stomachs)

Zu schön um wahr zu sein? Leider widersetzen sich manche Wörter diesen Regeln. Es führt kein Weg daran vorbei, Sie müssen diese unregelmäßigen Pluralformen einfach auswendig lernen!

Manchen Wörtern, die auf -o enden, hängen Sie im Plural **-es** an:
tomato > tomato**es**
potato > potato**es**
hero > hero**es**

Manche Wörter, die auf -f enden, bilden den Plural mit **-s** anstatt mit -es:
roof > roofs
chief > chiefs
belief > beliefs

Manche Wörter ändern ihre Schreibung im Plural **komplett**:
child > **children**
foot > **feet**, tooth > **teeth**
mouse > **mice**, ox > **oxen**

Manche Wörter haben im Singular und Plural die **gleiche Form**:
sheep > **sheep**
fish > **fish**
deer > **deer**

Wörter lateinischen oder griechischen Ursprungs haben auch oft **unregelmäßige Pluralformen**:
cactus > **cacti**
analysis > **analyses**
phenomenon > **phenomena**

Zählbare und nicht zählbare Substantive

Bei den Substantiven unterscheidet man im Allgemeinen zwei Gruppen:

countable nouns (zählbare Substantive) können mit dem unbestimmten Artikel a(n) auftreten und bezeichnen Dinge, die Sie **zählen können**:

a chair > two chairs
an apple > three apples
a book > four books

uncountable nouns (unzählbare Substantive) dagegen bezeichnen Dinge, die man **nicht zählen kann**. Sie können weder a(n) noch zwei, drei, vier usw. davor setzen. Zu den unzählbaren Substantiven gehören:

Flüssigkeiten	milk, oil, water, tea, coffee, orange juice
Lebensmittel	bread, sugar, flour, butter, soup, chocolate
Sammelbegriffe	jewellery, furniture, luggage
Abstrakte Begriffe	weather, money, information, news

Sie fragen sich, wie Sie Mengenangaben machen? Ganz einfach mithilfe folgender nützlicher Wörter:

Unbestimmte Mengenangaben
a lot of, some, any, much, not much, little, no

Jim drank **a lot of** water after the match.
Jim trank nach dem Spiel viel Wasser.

There is **some** cheese in the fridge.
Im Kühlschrank gibt es (etwas) Käse.

There is **not much** cake left.
Es gibt nicht mehr viel Kuchen.

Is there **any** news from Jane?
Gibt es irgendwelche Nachrichten von Jane?

Genaue Mengenangaben
a slice of, a piece of, a pound of, a loaf of, a glass of, a litre of, an item of

Jim eats **four slices of** toast for breakfast.
Jim isst vier Scheiben Toast zum Frühstück.

I bought **a pound of** cheese.
Ich habe ein Pfund Käse gekauft.

Would you like **a glass of** wine?
Möchten Sie ein Glas Wein?

There was **an** interesting **item of** news/news **item** in the paper.
In der Zeitung stand eine interessante Nachricht.

Substantive, die es nur im Plural gibt

Gegenstände, die im Prinzip **aus zwei Teilen bestehen**, kommen im Englischen nur in der **Pluralform** vor. Dazu gehören z. B.

trousers	Hose
jeans	Jeans
scissors	Schere
glasses	Brille
sunglasses	Sonnenbrille
pyjamas	Schlafanzug

Denken Sie in solchen Fällen daran, dass auch das Verb im Plural stehen muss!

Ob es sich in einem Satz um einen oder mehrere Gegenstände handelt, geht nur aus dem Kontext hervor. Vergleichen Sie:

My jeans **are** dirty.
Meine Jeans **ist** schmutzig.
oder
Meine Jeans **sind** schmutzig.

All my jeans **are** dirty.
Alle meine Jeans **sind** schmutzig.

Die genaue Anzahl dieser Gegenstände können Sie mithilfe von **a/one pair of bzw. two/three/four/... pairs of** angeben:

I couldn't decide. I bought **five pairs of** trousers.
Ich konnte mich nicht entscheiden. Ich habe fünf Paar Hosen gekauft.

Das Geschlecht

Die gute Nachricht haben Sie ja bereits in Kapitel 1 erfahren:
Es gibt im Englischen bei Substantiven keinen Genus
(grammatisches Geschlecht).

der ...
die ...
das ...

the ... bzw. **a/an ...**

Praktisch, nicht wahr?
Nichtsdestotrotz müssen Sie wissen,
ob ein englisches Substantiv männlich,
weiblich oder sächlich ist.
Hierfür gibt es aber eine einfache Regel:

Personen und **Personenbezeichnungen** grundsätzlich:	**Gegenstände, Tiere, Pflanzen** und **abstrakte Begriffe** grundsätzlich:
männlich und weiblich	**sächlich**
he / she	**it**
Here's my **boyfriend**. **He**'s a chef. Das ist mein Freund. Er ist Koch. My **gran** is old. **She**'s 93. Meine Oma ist alt. Sie ist 93.	The house is great. I'll buy it. Das Haus ist toll. Ich kaufe es. I don't understand the question. It's too difficult. Ich verstehe die Frage nicht. Sie ist zu schwer.

Personen- und Berufsbezeichnungen

Manche Personen- und die meisten Berufsbezeichnungen können **sowohl weiblich** als auch **männlich** sein:

friend	Freund / Freundin	passenger	Passagier
cousin	Cousin / Cousine	guest	Gast
child	Kind	colleague	Kollege / Kollegin
genius	Genie	boss	Chef / Chefin
cook	Koch / Köchin	president	Präsident / Präsidentin
teacher	Lehrer / Lehrerin	doctor	Arzt / Ärztin

Um welches Geschlecht es sich tatsächlich handelt, erfahren Sie nur aus dem Zusammenhang. Dabei helfen Namen oder die Pronomen in darauffolgenden Sätzen, die das entsprechende Substantiv ersetzen können:

My **friend** wants to be a race driver one day. **He** loves fast cars.
Mein Freund möchte eines Tages Rennfahrer werden. Er liebt schnelle Autos.

My **boss James** is a bit stressed out right now.
Mein Chef James ist zur Zeit ziemlich gestresst.

Möchten Sie ausdrücken, **wem jemand** oder **etwas gehört**, benötigen Sie die besitzanzeigende Form, den **Genitiv**. Möchten Sie ausdrücken, dass jemand oder etwas einer bestimmten Person oder einem Tier gehört, benutzen Sie den **s-Genitiv**.

Dabei hängen Sie in den allermeisten Fällen dem Substantiv einfach ein 's an:

Cathy's dog	Cathys Hund
Bill's best friend	Bills bester Freund
the president's plane	das Flugzeug des Präsidenten

Bei Namen und Personen, die auf -s, -z, -ch, -sh oder -ss enden, hängen Sie ebenfalls ein 's an:

Lukas's birthday	Lukas' Geburtstag
Hamish's mother	Hamishs Mutter
the boss's office	das Büro des Chefs

Bei regelmäßigen Pluralformen steht am Ende des Wortes bereits ein -s. Deshalb wird hier nur ein ' angehängt, das -s lassen Sie weg:

my parents' car	das Auto meiner Eltern
the girls' rooms	die Zimmer der Mädchen

Bei unregelmäßigen Pluralformen ohne -s am Ende des Wortes, hängen Sie dagegen ganz normal ein 's an:

the children's shoes	die Schuhe der Kinder
women's rights	Frauenrechte / Rechte der Frauen

Um die Zugehörigkeit von Gegenständen, Sachen oder Sachverhalten auszudrücken, benötigen Sie den **of-Genitiv**.

Das gilt sowohl für den **Singular** als auch für den **regelmäßigen** und **unregelmäßigen Plural**. Oft haben Sie in diesen Fällen im Deutschen mehr als eine Möglichkeit, die Zugehörigkeit auszudrücken:

the centre	of	London	das Zentrum von London
the name	of	the street	der Name der Straße / der Straßenname
the colour	of	the sea	die Farbe des Meeres / die Meeresfarbe
the end	of	the day	das Ende des Tages
the prices	of	houses	die Hauspreise

Sie ahnen es vielleicht schon ... Ausnahmen bestätigen die Regel. Merken Sie sich folgende **Ausnahmen**:

Bei bestimmten Zeitangaben wird der **s-Genitiv** verwendet:

today's paper	die Zeitung von heute
this year's fashion	die diesjährige Mode
Saturday's match	das Spiel vom Samstag

Bei Institutionen, Organisationen, Städten, Nationen und anderen menschlichen Gemeinschaften **können** Sie **auch** den **s-Genitiv** verwenden:

London's history oder the history of London	die Geschichte Londons
the school's headteacher oder the headteacher of the school	der Rektor/ die Rektorin der Schule
America's youth oder the youth of America	die Jugend Amerikas

3 Die Pronomen

Was sind Pronomen?

Wofür werden sie verwendet?

Welche Pronomen gibt es im Englischen?

He did it!

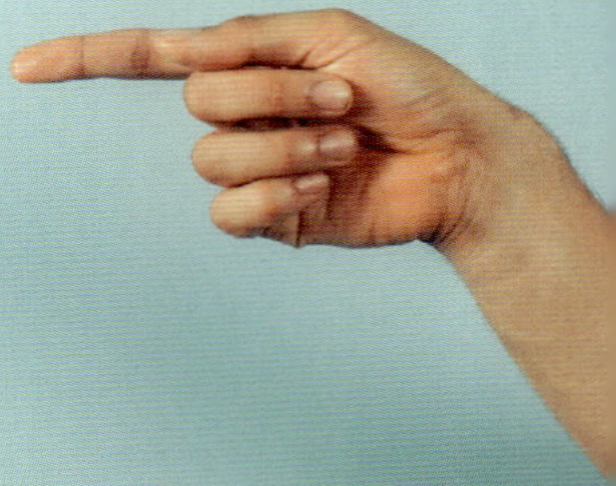

Me, Myself & I
Pronomen & Begleiter

Pronomen oder Fürwörter (pronouns)
stehen stellvertretend
für Substantive oder Wortgruppen.

Oliver loves **playing football**. **He** finds **it** exciting.

Substantiv — Wortgruppe

His favourite team is Manchester City.

Possessiv-begleiter — Substantiv

Begleiter (**determiners**) stehen immer
vor einem Substantiv
und dienen dazu, dieses näher zu bestimmen.

Im Englischen unterscheidet man folgende Pronomen und Begleiter:

Personalpronomen
werden unterschieden in
Subjektpronomen & Objektpronomen

I love James. Does James love me?

Possessiv-begleiter
und **-pronomen**
zeigen Besitz an.

My bag is new.
Mine is old.

Reflexivpronomen
beziehen sich auf das Subjekt im Satz. Sie enden immer mit -self bzw. -selves.

I made this bag myself.

Um auf jemand oder etwas besonders hinzuweisen, benötigen Sie **Demonstrativbegleiter** und **-pronomen**.

This bag is bigger than that bag. But that's the biggest.

Indefinitpronomen oder „unbestimmte Fürwörter" bezeichnen nicht näher spezifizierte Personen, Sachen oder Orte.

All these bags are beautiful.
They cost £20 each.

Interrogativ- oder Fragepronomen leiten Fragen ein. Relativpronomen leiten Relativsätze ein. Lesen sie zu beiden Pronomen mehr in Kapitel 15.

Personal Pronouns Personalpronomen

Bei den Personalpronomen (oder: persönlichen Fürwörtern) unterscheiden Sie zwischen:

subject pronouns & Subjektpronomen

object pronouns Objektpronomen

He loves football.
Er liebt Fußball.

She hates football.
Sie hasst Fußball.

Folgende **Subjektpronomen** stehen als Subjekt vor dem Verb. Nach dem Subjekt fragen Sie mit **wer?** oder **was?**

Singular		Plural	
I	ich	we	wir
you	du, Sie	you	ihr, Sie
he	er	they	sie
she	sie		
it	es		

Ganz easy!
Im Gegensatz zum Deutschen gibt es bei den englischen Subjekt- und Objektpronomen nur eine Form für die 2. Person.

du
Sie
(Singular)
ihr
Sie
(Plural)
you

Objektpronomen ersetzen das Objekt eines Satzes. Identisch sind dabei im Englischen die Formen für: **direct object & indirect object**
direktes Objekt — indirektes Objekt

Singular

	Akkusativ	Dativ
me	mich	mir
you	dich, Sie	dir, Ihnen
him	ihn	ihm
her	sie	ihr
it	es	ihm/ihr

Plural

	Akkusativ	Dativ
us	uns	uns
you	euch, Sie	euch, Ihnen
them	sie	ihnen

Nach dem direkten Objekt fragen Sie mit **wem?** oder **was?**

Nach dem indirekten Objekt fragen Sie mit **wem?**

They missed **the bus.**
Sie haben den Bus verpasst.
Sie haben ihn verpasst.

Dad lent **Amy the car.**
Papa hat Amy das Auto ausgeliehen.
Papa hat ihr das Auto ausgeliehen.

Who's there? - It's me.
Wer ist da? - Ich bin's.

Was it you? - No, it was him.
Warst Du es? - Nein, er war's.

Who wants ice cream? - Me!
Wer möchte Eis? - Ich!

Achtung!
Steht ein Pronomen **alleine** oder direkt **nach dem Verb be**, so müssen Sie - anders als im Deutschen - die Objektform verwenden.

Possessives Possessivformen
(possessive determiners & possessive pronouns)

Die Possessivformen zeigen **Besitzverhältnisse** an.
Unterscheiden Sie zwischen:

Possessivbegleiter stehen wie ein Artikel vor dem Substantiv, ersetzen es aber nicht.

Singular		Plural	
my	mein	**our**	unser
your	dein, Ihr	**your**	euer, Ihr
his	sein	**their**	ihr
her	ihr		
its	sein		

Possessivbegleiter bleiben im Singular und Plural unverändert!

My brother is great.
Mein Bruder ist toll.

My siblings are great.
Meine Geschwister sind toll.

Nicht verwechseln!

its vs. **it's**
(=Possessivpronomen) (=Kurzform von it is oder it has)

The dog has lost its ball.
Der Hund hat seinen Ball verloren.

There is a ball. It's blue.
Da ist ein Ball. Er ist blau.

Possessivbegleiter bleiben im Akkusativ und Dativ unverändert!

I like **my** friend Rob. Ich mag meinen Freund Rob.

I helped **my** friend Rob clean the windows today.
Ich habe heute meinem Freund Rob geholfen, die Fenster zu putzen.

Anders als die Possessivbegleiter können **Possessivpronomen alleine** stehen. Das heißt, sie begleiten ein Substantiv nicht, sondern ersetzen es.

Singular		Plural	
mine	meins, das meine	**ours**	unseres, das unsere
yours	deins, das deine Ihres, das Ihre	**yours**	eures, das eure Ihres, das Ihre
his	seins, das seine	**theirs**	ihres, das ihre
hers	ihrs, das ihre		
its	seins, das seine		

Possessivpronomen bleiben im Englischen **unverändert**, egal ob das Substantiv, das sie ersetzen im Singular oder im Plural steht. Besonders häufig treten sie mit dem Verb **be** auf.

Look at these presents. They're all **mine**!
Schau dir die Geschenke an. Das sind alles meine!

Oh no! Only the big green present is yours.
Oh nein! Nur das große grüne Geschenk ist deins.

Häufig wird im Englischen auch die Konstruktion **of + Possessivpronomen** benutzt.

Meet Hamish, Wilbur and Rex. They're colleagues **of mine**.
Darf ich vorstellen: Hamish, Wilbur und Rex. Das sind Kollegen von mir.

Reflexive pronouns Reflexivpronomen

Reflexivpronomen (auch rückbezügliche Fürwörter genannt) beziehen sich zurück auf das Subjekt im Satz. Sie enden immer mit **-self** (im Singular) bzw. **-selves** (im Plural).

Singular		Plural	
myself	ich ... mich / mir	**ourselves**	wir ... uns
yourself	du ... dich / dir Sie ... sich	**yourselves**	ihr ... euch Sie ... sich
himself	er ... sich	**themselves**	sie ... sich
herself	sie ... sich		
itself	es ... sich		

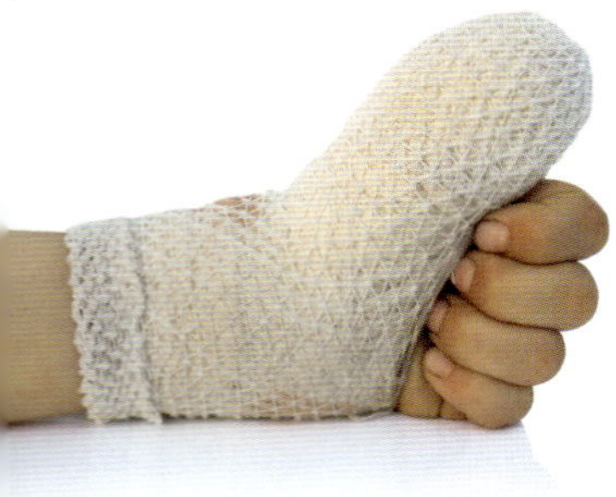

Whoops, I've cut **myself**.
Oops, ich habe mich geschnitten.

Reflexivpronomen werden gebraucht, wenn Subjekt (wer?) und Objekt (wen? wem?) im Satz dieselbe Person oder Sache sind.

Reflexivpronomen werden im Englischen auch gebraucht, um den Verursacher einer Tätigkeit besonders hervorzuheben. Im Deutschen benutzen Sie in diesen Fällen das Wort „selbst".

James is very artistic. He painted this picture **himself**.
James ist sehr kreativ.
Er hat dieses Bild selbst gemalt.

Wollen Sie „sich" in der Bedeutung von einander, gegenseitig usw. verwenden, d. h. eine wechselseitige Beziehung ausdrücken, benutzen Sie die sogenannten reziproken Pronomen.

each other	einander, sich (gegenseitig)
one another	einander, sich (gegenseitig)

They stared at **each other** for a long time.
Sie schauten sich lange gegenseitig an.

Freuen Sie sich nicht zu früh! – **Don't get too excited!**
Wie der letzte Satz zeigt, sind nicht alle Verben, die im Deutschen reflexiv sind, auch im Englischen reflexiv! Die folgende Tabelle zeigt einige Verben, die im Englischen ohne Reflexivpronomen benutzt werden:

argue sich streiten	comb one's hair sich kämmen
get/be angry sich ärgern	get dressed sich anziehen
be interested (in) sich interessieren (für)	imagine sich vorstellen
change sich umziehen	meet sich treffen
complain sich beschweren	remember sich erinnern
concentrate sich konzentrieren	sit down sich setzen

Demonstrative forms

Demonstrativformen

Demonstrativbegleiter und **-pronomen** weisen besonders betont auf jemanden oder etwas hin. Alle Formen bleiben im Dativ und Akkusativ unverändert.

Singular		Plural	
this	dieser / diese / dieses	**these**	diese
that	das, jener / jene / jenes	**those**	jene

Benutzen Sie **this** und **these** um über Personen und Dinge zu sprechen, die räumlich, zeitlich oder geistig näher sind. Benutzen Sie **that** und **those** für räumlich, zeitlich oder geistig weiter entfernte Personen oder Dinge.

Demonstrativbegleiter stehen wie ein Artikel vor einem Substantiv.

This case is too small!
Dieser Koffer ist zu klein!

Demonstrativpronomen stehen alleine stellvertretend für ein bereits bekanntes Substantiv, das betont bzw. auf das hingewiesen werden soll.

This is the scariest bit of the movie.
Das ist die gruseligste Szene im Film.

Allgemeine Personalpronomen

Wie drücken Sie im Englischen das kleine Wörtchen „man“ aus? Mit allgemeinen Personalpronomen! Sie können für jede beliebige Person stehen und werden verwendet, wenn man einen Sachverhalt **verallgemeinert** oder **niemand Bestimmtes** meint. Im Gegensatz zum Deutschen, haben Sie im Englischen die Qual der Wahl:

man

one
für formale Aussagen, z. B.

One shouldn't smoke here.
Man sollte hier nicht rauchen.

you
in der Umgangssprache, z. B.

My mobile phone is old but you can still use it.
Mein Handy ist alt, aber man kann es noch benutzen.

they/people
für mehrere unbekannte Personen, z. B.

They/People say oil prices will rise this year.
Man sagt, die Ölpreise werden dieses Jahr steigen.

he oder **she**
wenn unbekannt ist, ob eine Person männlich oder weiblich ist, z. B.

If a customer complains, he or she may return the item and receive a refund.
Wenn ein Kunde sich beschwert, kann er oder sie die Ware gegen Rückerstattung des Kaufpreises zurückbringen.

Indefinite pronouns Indefinitpronomen

Indefinitpronomen stehen für nicht näher spezifizierte Personen, Dinge oder Orte. Einige Indefinitpronomen können als Begleiter und Pronomen verwendet werden, andere nur als Pronomen.

all (alle, alles) › bezeichnet die gesamte Menge von etwas.

All you need is love.	**Alles** was man braucht, ist Liebe.
I beat them **all**.	Ich habe sie **alle** geschlagen.
Nearly **all** boys like football.	Fast **alle** Jungen mögen Fußball.
I love **all** sweets.	Ich mag **alle** Süßigkeiten.
Mark has eaten **all** the bread.	Mark hat das **ganze** Brot gegessen.
All of the children behaved well.	**Alle** Kinder haben sich gut benommen.
The books **all** fell off the shelf.	Die Bücher fielen **alle** aus dem Regal.

both (beide, beides) › bezeichnet sowohl das eine als auch das andere.

I've met **both** her sons.	Ich habe **beide** Ihrer Söhne getroffen.
Both / **Both of** my cars are blue.	Meine **beiden** Autos sind blau.
Which wine would you like?	Welchen Wein möchtest du?
– **Both** are fine.	– **Beide** sind gut.
Both Tom and Jane are ill./	**Sowohl** Tom **als auch** Jane sind krank. /
Tom and Jane are **both** ill.	Tom und Jane sind **beide** krank.
Tessa has invited **both** of us.	Tessa hat uns **beide** eingeladen.

each (jeder, jede, jedes (einzelne)) › bezeichnet Einzelne von einer Gruppe.

We interviewed **each** candidate separately and gave **each** a task.	Wir haben mit **jedem** Kandidaten einzeln gesprochen und gaben **jedem** eine Aufgabe.
Each house has a garden.	**Jedes** Haus hat einen Garten.
I gave them ten pounds **each**.	Ich gab **jedem** zehn Pfund.
The roses cost two euros **each**.	Die Rosen kosten zwei Euro **pro Stück**.

one (eine, eines) > wird benutzt, wenn Sie vermeiden möchten, ein bereits genanntes zählbares Substantiv zu wiederholen.

I've got some biscuits. Have **one**!	Ich habe Kekse. Nimm **einen**!
I'd never see an armadillo until we saw **one** at the zoo.	Ich hatte noch nie ein Gürteltier gesehen, bis wir **eins** im Zoo gesehen haben.
One of the books was a thriller.	**Eines** der Bücher war ein Thriller.
Which **one** do you want?	Welches möchtest du?
– The blue **one**.	– Das blaue.

none (keiner, keine, keines) > bezeichnet keines von mehreren Dingen.

How much money have you got? – **None**.	Wie viel Geld hast du? – **Keins**.
None of the chairs are comfortable.	**Keiner** der Stühle ist bequem.

either (eines von beiden), **neither** (keines von beiden)

Shall we have stew or spaghetti? – **Either** is fine.	Sollen wir Eintopf oder Spaghetti essen? – **Beides** ist gut.
I don't recognize **either** of them.	Ich erkenne **keinen** der beiden.
Neither of them knew the way.	**Keiner** der beiden kannte den Weg.

some (etwas) > bezieht sich meistens auf eine unbestimmte Menge und wird in bejahten Aussagesätzen benutzt, wenn die genaue Zahl oder Menge unwichtig ist.

Roger didn't like cheese but he bought **some** for his girlfriend.	Roger mochte keinen Käse, aber er kaufte seiner Freundin **welchen**.
Some of the books are very old.	**Einige** Bücher sind sehr alt.
Can I listen to **some** music?	Darf ich Musik hören?

any (irgendetwas) > wird in verneinten Sätzen anstelle von some benutzt

I asked for parmesan but they didn't have **any**.	Ich fragte nach Parmesan, aber sie hatten **keinen**.

> kann in Fragesätzen verwendet werden, wenn Sie nicht wissen, ob die Antowrt ja oder nein lauten wird.

Do you have **any** left?	Haben Sie noch **welche** übrig?

4 Die Präpositionen

Was sind Präpositionen?

Welche Präpositionen verwende ich für Zeit-, Orts- und Richtungsangaben?

Was muss ich beachten?

above
below

Präpositionen (prepositions)

setzen Wörter oder Wortgruppen zueinander in Beziehung und stellen ein Verhältnis zwischen ihnen her - man nennt sie daher auch **Verhältniswörter**. Mit Präpositionen lassen sich folgende Angaben machen:

Zeitangaben

z. B. mit

at
around
by
during
for
in
on
since
until

Ortsangaben

z. B. mit

above
against
at
below
in
in front of
near
next to
on
opposite
over
under

Richtungsangaben

z. B. mit

across
along
from
into
onto
over
through
to
towards
under

Begründungen, Folgen oder Zwecke

z. B. mit

because of
despite
due to
for
in spite of
thanks to

Knifflig! Englische Präpositionen werden – je nach Anwendung – auf Deutsch unterschiedlich übersetzt. Es führt also leider kein Weg daran vorbei, Sie müssen sich die Anwendungssituationen merken!

Präpositionen der Zeit

Die wichtigsten Präpositionen der Zeit sind:

in für Tagesabschnitte, Monate, Jahreszeiten, Jahreszahlen und Jahrhunderte

on für bestimmte Tage, Tagesabschnitte und das Datum

at für Uhrzeiten, bestimmte Zeitpunkte und religiöse Feste

around für ungefähre Zeitangaben

by = bis zu einem bestimmten Zeitpunkt

Jack loves Italy. He always goes to Rome **in** February.

Jack liebt Italien. **Im** Februar fliegt er immer nach Rom.

He left **on** Wednesday, February 12.

Am Mittwoch, den 12. Februar reiste er ab.

His flight left **at** 12:10 p.m.

Sein Flug ging **um** 12 Uhr 10.

He got to his hotel **around** 4 p.m.

Gegen 16 Uhr erreichte er sein Hotel.

By 7 p.m. he was ready for dinner.

Bis 19 Uhr hatte er sich für das Abendessen fertiggemacht.

during für Zeiträume

since für einen Zeitpunkt, ab dem etwas stattgefunden hat

until = bis zu einem bestimmten Zeitpunkt

for für eine Zeitdauer

During dinner he met Lara, the woman of his dreams.
Während des Abendessens lernte er Lara kennen, die Frau seiner Träume.

Since that evening he hasn't left her side.
Seit diesem Abend ist er ihr nicht von der Seite gewichen.

Jack stayed with Lara **until** he had to fly home.
Jack **ist** bei lara geblieben, bis er nach Hause flog.

They have been married **for** almost four years now.
Inzwischen sind sie **seit** fast vier Jahren verheiratet.

at

wird v. a. im Zusammenhang mit **Uhrzeiten**, bestimmten **Zeitpunkten** und **religiösen Festen** verwendet:

at nine o'clock	um neun Uhr
at night	nachts
at the moment	zur Zeit, im Augenblick
at midnight	um Mitternacht
at sunrise	bei Sonnenaufgang
at the weekend	am Wochenende
at that time	zu jener Zeit
at the same time	zur gleichen Zeit
at times	gelegentlich
at Christmas/Easter	an Weihnachten/Ostern

on

wird für bestimmte **Tage**, **Tagesabschnitte** und für das **Datum** verwendet:

on Monday	am Montag
on Christmas Day	am ersten Weihnachtsfeiertag
on New Year's Eve	an Silvester
on his birthday	an seinem Geburtstag
on Good Friday	am Karfreitag
on the morning of May 1	am Morgen des 1. Mai
on September 2	am 2. September
on this occasion	bei dieser Gelegenheit
on time	pünktlich

during

wird für einen **Zeitraum** verwendet:

during the holidays	während der Ferien
during the week	während der Woche

in

wird für **Tagesabschnitte**, **Monate**, **Jahreszeiten**, **Jahreszahlen** und **Jahrhunderte** verwendet:

in the morning	morgens, am Morgen
in the afternoon	nachmittags, am Nachmittag
in December	im Dezember
in winter/spring	im Winter/Frühling
in 2012	2012
in the 19th century	im 19. Jahrhundert
in those days	damals
in the same time	in der gleichen Zeit (Zeitraum)
in time	rechtzeitig

around

wird für **ungefähre Zeitangaben** verwendet:

around ten o'clock	gegen zehn Uhr, um zehn Uhr herum
around midnight	gegen Mitternacht, um Mitternacht herum

for

drückt eine **Zeitdauer** aus:

for a long time	seit längerem/für längere Zeit
for two years	seit zwei Jahren/für zwei Jahre
They are going to China for two years.	Sie gehen für zwei Jahre nach China.
They have been in China for two years.	Sie sind seit zwei Jahren in China.

by und until

bedeuten beide bis, sie werden aber anders benutzt:

I need the report by Monday.	Ich brauche den Bericht bis Montag.

(Ich habe den Bericht nicht, muss ihn aber spätestens am Montag haben.)

I need the report until Monday.	Ich brauche den Bericht bis Montag.

(Ich habe den Bericht bereits und brauche ihn von jetzt bis Montag.)

Präpositionen für Ortsangaben

Hier sehen Sie die wichtigsten Präpositionen für Ortsangaben. Mit ihnen können Sie Fragen mit **Where?** beantworten. So wie sich hier z. B. Baxters Herrchen zum wiederholten Male die Frage "Where is my slipper?" stellt ...

The slipper is **on** the kennel.
› **on** für Oberflächen

The slipper is **in** the kennel.
› **in** wenn sich etwas innerhalb von etwas anderem befindet

The slipper is **under** the kennel.
› **under** = unter, besonders wenn etwas bedeckt wird.

The slipper is **in front of** the kennel.
› **in front of** = vor

The slipper is over the kennel.

› **over** = über

The slipper is next to the kennel.

› **next to** = neben

The slipper is against the kennel.

› **against** = gegen

The slipper is behind the kennel.

› **behind** = hinter

The slipper is by the kennel.

› **by** = in der Nähe von, neben, bei

at

wird besonders für Gebäude, Adressen und Plätze, an denen sich Menschen aufhalten, verwendet.

to be/stay **at** home	zu Hause sein/bleiben
to wait **at** the bus stop/station	an der Bushaltestelle / am Bahnhof warten
to live **at** my mum's	bei meiner Mutter wohnen
at the party	auf der Party
at school/the cinema	in der Schule / im Kino
at church	in der Kirche (Gottesdienst)
to sit **at** the table	am Tisch sitzen
at 19 Baker Street	in der Baker Street 19
at the beginning/end	am Anfang / Ende

on

wird unter anderem für **Oberflächen** verwendet.

to be **on** the shelf	auf dem Regal sein
to hang **on** the wall	an der Wand hängen
to lie **on** the floor	auf dem Boden liegen
on the third floor	im dritten Stock
on the right/left	auf der rechten / linken Seite
to wait **on** the corner	an der Ecke warten
to live **on** the coast	an der Küste leben

in

wird verwendet, wenn sich etwas **innerhalb** von etwas anderem befindet.

in the box	in der Kiste
in the living room	im Wohnzimmer
in the picture	auf dem Bild
to live **in** London/Wales	in London / Wales wohnen
to lie **in** the corner	in der Ecke liegen
in church	in der Kirche (im Gebäude)

under

bedeutet **unter** und wird vor allem dann verwendet, wenn etwas durch etwas anderes bedeckt wird.

to stand **under** an umbrella	unter einem Schirm stehen
under my jacket	unter meiner Jacke
under the blanket	unter der Bettdecke
under the clouds	unter den Wolken

Aufgepasst!
Besonders für die Ortspräpositionen **at**, **on** und **in** gibt es ein paar Regeln, wann Sie welche benutzen müssen.

below

bedeutet zwar auch **unter**, weist aber nicht unbedingt auf etwas hin, das physisch oder unmittelbar unter etwas anderem ist. Es befindet sich eher **unterhalb** von etwas anderem.

below the clouds	unter den Wolken
below the surface of the water	unter der Wasseroberfläche
10 km **below** the earth's surface	10 km unter der Erdoberfläche
below the poverty line	unter der Armutsgrenze

over

bedeutet **über**.

to hang **over** the chair	über dem Stuhl hängen
to live **over** the road	auf der anderen Straßenseite wohnen

above

bedeutet auch **über**, wird aber auch verwendet, wenn sich zwei Gegenstände nicht unmittelbar berühren.

to hang **above** the table	über dem Tisch hängen
to be **above** the clouds	über den Wolken sein

next to

bedeutet **neben**.

to sit **next to** Lina	neben Lina sitzen

in front of

bedeutet **vor**.

in front of the house	vor dem Haus

by

bedeutet erstens **neben** oder **in der Nähe / Gegend von, vor**.

to wait **by** the car/post office	neben dem Auto / vor der Post warten

drückt auch aus, **von wem etwas gemacht** worden ist.

a book **by** Dickens	ein Buch von Dickens

Präpositionen für Richtungsangaben

Präpositionen, die die Richtung angeben, stehen meistens nach einem Verb der Bewegung (z. B. **walk**, **run**, **jump**, **fall**, **drive** etc.). Hier sehen Sie die wichtigsten Präpositionen in dieser Gruppe:

to
allgemein für Bewegungen in eine Richtung: in, nach, zu, an

from
gibt an, woher jemand oder etwas kommt

onto
für Bewegungen auf etwas hinauf

over
für Bewegungen über etwas hinüber oder auf die andere Seite

along
für Bewegungen hindurch entlang etwas

Jack runs **from** his house **to** the office.

He runs **onto** the bridge.

He runs **over** the bridge.

He runs **along** the road.

under
für Bewegungen
unter etwas
hindurch

through
für Bewegungen
durch etwas
hindurch

towards
für Bewegungen
auf etwas hinzu

into
gibt an, dass
man irgendwo
hineingeht

He runs **under** a branch.

He runs **towards** the door.

He runs **through** the door …

… and **into** the office.

Präpositionen für Grund, Folge und Zweck

Mit Präpositionen können Sie auch Verhältnisse von Grund, Folge und Zweck ausdrücken. Sie beantworten z. B. Fragen mit **Why?** oder **What for?** Zu dieser Gruppe gehören z. B.:

because of	wegen	The flight was delayed **because of** a strike.
despite	trotz	We went out **despite** the rain.
for	für, zu	I invited him out **for** drinks.
in spite of	trotz	**Inspite of** her cold, she had a great time.
instead of	(an)statt	He went swimming **instead of** doing the ironing.
out of	aus	Baxter ran **out of** the door.
thanks to	dank	**Thanks to** James, I have a new flat.
due to	aufgrund	The party was cancelled **due to** illness.
except for	außer	Everyone came **except for** Lili.

Klein, aber oho: Besonderheiten der Präposition of

Dafür, dass das Wörtchen **of** lediglich aus zwei Buchstaben besteht, hat es eine ganze Reihe von unterschiedlichen Bedeutungen! Es kann ...

... eine Zugehörigkeit oder eine Zuordnung ausdrücken:

the roof **of** the house
a team **of** rugby players
a group **of** people
a herd **of** cows

... für Mengen- oder Inhaltsangaben verwendet werden:

a bowl **of** sweets
a pinch **of** salt
a glass **of** wine
a slice **of** bread

... besonders in der Schriftsprache einen Besitz anzeigen:

the advice **of** a good friend
the head **of** the marketing department
in the middle **of** the road

... eine Todesursache angeben:

to die **of** fright
to die **of** old age

... im Ausdruck **pair of** zwei Personen oder Gegenstände bezeichnen:

a pair **of** socks
a pair **of** gloves

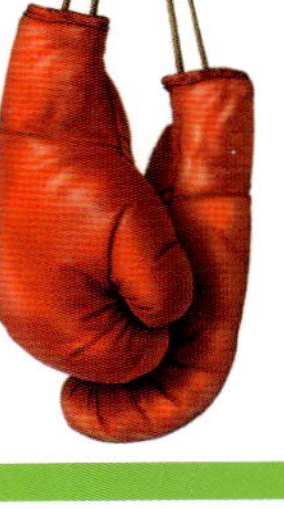

5 Die Adjektive

Was sind Adjektive?

Wofür benötige ich sie?

Wie bilde ich sie?

happy

sad

Wenn Sie Eigenschaften von Personen, Dingen oder Sachverhalten näher beschreiben möchten, verwenden Sie adjectives (Adjektive). Sie geben an, wie etwas oder jemand ist. Deshalb werden sie auch Eigenschaftswörter genannt.

Adjektivformen

Die meisten Adjektive werden von Substantiven oder Verben abgeleitet. Sie erkennen Adjektive oft an ihrer Endung:

care > careful

nation > national

fame > famous

accept > acceptable

act > active

Steigerung

Es gibt drei Steigerungsarten.

1 Die Steigerung mit -er und -est:

old older oldest

long longer longest

2 Die Steigerung mit more und most:

famous more famous most famous

careful more careful most careful

3 Unregelmäßige Steigerungsformen.

bad worse worst

good better best

Vergleiche

Mit Adjektiven können Sie Personen, Dinge oder Sachverhalte miteinander vergleichen.

George isn't the tallest actor on set.

He is not as tall as Hugh.

But he is taller than Dustin.

The tallest of them all is Ben.

Stellung

Adjektive können direkt vor einem Substantiv stehen:

This is a funny story.

George ate a delicious curry.

Oder aber sie stehen nach bestimmten Verben:

This story is funny.

The curry tastes delicious.

At the end of the day that was long and hard, George took off his wrinkled, striped shirt and ordered a delicious curry from the newest takeaway in town because he felt as hungry as a bear.

Adjektivformen

Die meisten Adjektive werden von Substantiven oder Verben abgeleitet, indem eine **Adjektivendung** angehängt wird.

comfortable	bequem	**-able**	**-ive**	active	aktiv
horrible	furchtbar	**-ible**	**-less**	useless	nutzlos
cultural	kulturell	**-al**	**-ly**	friendly	freundlich
peaceful	friedlich	**-ful**	**-ous**	adventurous	abenteuerlich
foolish	töricht	**-ish**	**-y**	stormy	stürmisch

My **woolly** sock is pink.
Meine Wollsocke ist pink.

I love my **woolly** socks.
Ich liebe meine Wollsocken.

I have lost a **woolly** sock.
Ich habe eine Wollsocke verloren.

Auch Partizipien (participles) können als Adjektive benutzt werden.

present participle	present participle
sleeping child, **falling** snow, **losing** team, **crying** baby, **pouring** rain etc.	**broken** glass, **lost** keys, **hidden** gate, **signed** contract, **bored** child etc.

She walked to work in the **falling** snow. Sie lief im rieselnden Schnee zur Arbeit.	I have to pay for the **broken** window. Ich muss das zerschlagene Fenster bezahlen. (oder: Ich muss für das Fenster zahlen, das ich zerschlagen habe.)

Partizipien, die sich aus Nationalitäten herleiten, müssen Sie - wie die Nationalitäten selbst auch - großschreiben!

English snow, **French** coffee, **Swiss** chocolate, **American** films, **Thai** food ...

I'll have the full **English** breakfast, please.

Ich nehme das englische Frühstück, bitte.

Steigerung der Adjektive

Es gibt **3** Steigerungsarten:

1	2	3
die Steigerung mit -er und -est	die Steigerung mit more und most	die unregelmäßige Steigerung

The Gherkin is **taller** than Big Ben, but the Shard is the **tallest** building in London – it offers the **best** view over the city. St Paul's Cathedral is the **most imposing** building.

Die Steigerung mit -er und -est

Hängen Sie allen **einsilbigen Adjektiven** sowie **einigen zweisilbigen** Adjektiven im **Komparativ -er** und im **Superlativ -est** an:

big	small	thin
bigger	smaller	thinner
(the) biggest	(the) smallest	(the) thinnest

Beachten Sie, dass Sie bei den einsilbigen Adjektiven, die auf einen **kurzen Vokal + Konsonant** enden, den **Konsonanten verdoppeln** müssen!

Ein nicht gesprochenes **-e am Ende** eines einsilbigen Adjektivs **entfällt** im Komparativ und Superlativ:

large > larger > (the) largest
nice > nicer > (the) nicest

Bei Adjektiven, die auf **Konsonant + -y** enden, wird das -y im Komparativ und Superlativ zu **-i**:

funny > funnier > (the) funniest
lazy > lazier > (the) laziest

Die Steigerung mit more und most

Die meisten **zweisilbigen** Adjektive, die nicht auf -y enden, und alle Adjektive mit **drei oder mehr Silben** steigern Sie mit den vorangestellten Wörtern **more** (Komparativ) und **most** (Superlativ):

Einige zweisilbige Adjektive können **sowohl** mit **-er/-est**, als auch mit **more/most** gesteigert werden. Dazu gehören z.B.:

simple › simpler/more simple › simplest/most simple
quiet › quieter/more quiet › quietest/most quiet
clever › cleverer/more clever › cleverest/most clever

Die unregelmäßige Steigerung

Wie so oft im Englischen gibt es leider einige Adjektive mit **unregelmäßig** gebildeten Steigerungsformen. Diese müssen Sie auswendig lernen!

bad	worse	worst	schlecht / schlimm
good	better	best	gut
well	better	best	gesund
far	farther/further	farthest/furthest	weit
little	less	least	wenig
much	more	most	viel
many	more	most	viele

That was the **worst** day of my life!
Das war der schlimmste Tag meines Lebens!

Vergleiche

Auch wenn es das Sprichwort anders behauptet – kein Ei gleicht dem anderen, weder äußerlich und schon gar nicht, was den Inhalt betrifft.

Dasselbe gilt auch für **Personen**, **Dinge** oder **Sachverhalte**. Möchten Sie diese miteinander **vergleichen**, haben Sie im Englischen folgende **5** Möglichkeiten:

as ... as

drückt aus, dass zwei Personen oder Dinge gleich sind:

Banjo is as fat as Bert.

Banjo ist genauso dick wie Bert.

Komparativ + than

drückt aus, dass zwei Dinge unterschiedlich sind:

Butch is cheekier than Mabel.

Butch ist frecher als Mabel.

the + Superlativ

drückt aus, dass etwas nicht zu übertreffen ist:

Sisley is the laziest dog.

Sisley ist der faulste Hund.

not as ... as

drückt aus, dass zwei Dinge unterschiedlich sind:

Calvin is not as big as Fletch.

Calvin ist nicht so groß wie Fletch.

the + Superlativ + of

drückt aus, dass sich jemand oder etwas aus einer Gruppe hervorhebt:

And Spike is the biggest of them all.

Und Spike ist der Größte von allen.

Stellung

Wo stehen Adjektive im Satz? Man unterscheidet zwischen dem **attributiven** und dem **prädikativen** Gebrauch.

attributiv

Das Adjektiv steht vor dem Substantiv.

I sent my girlfriend a **romantic** letter.

Ich schickte meiner Freundin einen romantischen Brief.

She gave me a **short, unambiguous** answer!

Sie gab mir eine kurze, eindeutige Antwort.

Das Adjektiv steht nach einem Verb wie z.B. to be, to appear, to seem, to get, to become **sowie nach Verben der Sinneswahnehmung wie z.B.** to taste, to look, to feel, to smell, to sound.

Das Adjektiv ist Teil des Prädikats.

prädikativ

1 year later...

...The bride was **nervous** and didn't look **happy**!

... Die Braut war nervös und sah nicht glücklich aus!

6 Die Adverbien

Was ist der **Unterschied** zwischen einem Adjektiv und einem Adverb?

Wofür benötige ich Adverbien?

Wie **bilde** ich sie?

She waited
patiently
for her husband.

Sie benutzen **adverbs** (Adverbien), um die Umstände eines Geschehens genauer zu beschreiben.
Sie werden auch Umstandswörter genannt.

Adverb vs Adjektiv

Adjektive beschreiben eine **Person** oder eine **Sache** genauer:

The young boy was **nervous**.

Adverbien beschreiben dagegen **Tätigkeiten** näher:

The boy waited **nervously**.

Adverbformen

Die meisten Adverbien werden durch **Anhängen von -ly an die Grundform des Adjektivs** gebildet:

slow	slow**ly**
beautiful	beautiful**ly**

Viele Adverbien besitzen **dieselbe Form wie das** Adjektiv:

fast	fast
right	right

Und viele Adverbien besitzen **eine eigene Form**:

today, here, often

Steigerung

Es gibt **drei Steigerungsarten**:

Die Steigerung mit **-er** und **-est**:

fast	fast**er**	fast**est**
early	earl**ier**	earl**iest**

Die Steigerung mit **more** und **most**

slowly
more slowly
most slowly
quickly
more quickly
most quickly

Die **unregelmäßige** Steigerung:

badly	**worse**	**worst**

Stellung

Adverbien können …

nach dem Verb stehen:

Jack ate **slowly**.

vor dem Verb stehen:

Jack **usually** eats lunch.

nach dem Verb und dem Objekt stehen:

Jack drank his beer **quickly**.

Adjektive vs. Adverbien – Der kleine, feine Unterschied

Hurra! Endlich mal eine Erleichterung gegenüber dem Deutschen! Erfreulicherweise lassen sich **Adjektive** und **Adverbien** im Englischen häufiger **voneinander unterscheiden**, als z. B. im Deutschen, da sie **oft eine eigene Form haben**.

Im Englischen unterscheiden sich die meisten Adverbformen von den Adjektivformen durch ein angehängtes -ly.

Adjektiv: These people are **happy**.
Diese Merschen sind glücklich.

vs.

Adverb: They're cheering **happily**.
Sie jubeln freudig.

Adjektive beschreiben Personen oder Dinge genauer, d. h. sie beziehen sich meistens auf ein Substantiv. **Adverbien** sind dagegen **vielseitiger**. Sie beschreiben eine **Tätigkeit** näher und können sich dabei auf Folgendes beziehen:

- ein **Verb**
- ein **Adjektiv**
- ein **anderes Adverb**
- oder gar einen **ganzen Satz**

Todd is an **extremely** careful driver.
Todd ist ein äußerst vorsichtiger Fahrer.

Todd drives **carefully**.
Todd fährt vorsichtig.

Todd drives **extremely carefully**
Todd fährt äußerst vorsichtig.

Actually, Todd is the most carefully driver I know.
Eigentlich ist Todd der vorsichtigste Fahrer, den ich kenne.

Bildung des Adverbs

Viele Adverbien werden **von Adjektiven abgeleitet**. Sie bilden sie meistens, indem Sie einfach an die Grundform des Adjektivs **-ly anhängen**.

Adjektiv	Adverb	Deutsch
quick	**quickly**	schnell
beautiful	**beautifully**	schön
bad	**badly**	schlecht

Achtung **Ausnahmen**! (Sie haben's geahnt, oder?) **Endet** ein Adjektiv nämlich auf **y**, **-le** oder **-ic**, so verändert sich die Schreibweise eines daraus abgeleiteten Adverbs wie folgt:

Adjektiv endet auf ...	Adverb	Deutsch
Konsonant + -y	-y wird zu -ily	
tidy	**tidily**	sauber
-le	-e wird zu -y	
simple	**simply**	einfach
-ic	-ally wird angehängt	
fantastic	**fantastically**	fantastisch

Einige Adverbien besitzen eine **eigene Form** und eine eigene Bedeutung und sind nicht von einem anderen Wort abgeleitet. Es handelt sich hierbei um **Adverbien der Zeit, des Ortes** und **der Richtung**. Zu den wichtigsten zählen z. B.:

here hier	there dort	almost fast
sometimes manchmal	today heute	always immer
often oft	yesterday gestern	

Einige Adverbien haben **dieselbe Form wie** das entsprechende **Adjektiv**:

back zurück	**hard** kräftig, hart
close nahe	**high** hoch
deep tief	**late** spät
early früh	**left/right** links / rechts
enough genug	**long** lang
fair gerecht, fair	**near** nah
far weit	**right/wrong** richtig / falsch
fast schnell	**straight** gerade, direkt

Vorsicht!
Manche dieser Adverbien haben **zusätzlich** noch eine **-ly-Form**, dieses hat aber eine ganz **andere Bedeutung**:

hardly kaum	I was so excited I could **hardly** sleep. Ich war so aufgeregt, ich konnte **kaum** schlafen.
nearly beinahe, fast	She **nearly** missed the train. Sie hätte **fast** den Zug verpasst.
lately in letzter Zeit	Have you seen Rashid **lately**? Hast du **in letzter Zeit** Rashid gesehen?

Und zu guter Letzt: Es gibt eine Reihe von **Adjektiven**, die **bereits auf -ly** enden. Von diesen Adjektiven werden **keine Adverbien** gebildet! Sie benutzen sie nur als Adjektiv. Z. B.:

lonely man einsamer Mann	**lovely** smell schöner Duft
ugly duckling hässliches Entlein	**friendly** people freundliche Leute

Die Steigerung der Adverbien

Ähnlich wie bei den Adjektiven gibt es **drei Steigerungsarten**:

1	2	3
Die Steigerung mit -er mit -est	Die Steigerung mit more und most	Die unregelmäßige Steigerung

Einsilbige Adverbien werden durch das Anhängen von **-er** und **-est** gesteigert.

He moves…

fast

faster

fastest

Adverbien, die auf -ly enden, werden mit more und most gesteigert.

sings beautifully
sings **more** beautifully
sings **most** beautifully

Und, last but not least – warum sollte es anders sein?
Folgende Adverbien müssen Sie auswendig lernen,
denn sie haben unregelmäßige Steigerungsformen!

good	well	**better**	**best**	gut
bad	badly	**worse**	**worst**	schlecht
-	far	**farther/further**	**farthest/furthest**	weit
little	little	**less**	**least**	wenig
-	much	**more**	**most**	viel

Übrigens, wollen Sie Tätigkeiten miteinander vergleichen, tun Sie dies nach dem gleichen Muster wie bei Vergleichen mit Adjektiven.

James dresses **as smartly as** Hugo. Toby dresses **smarter than** Carl.
Herbert also dresses **more carefully** than Carl.
Carl does not dress **as smartly as** the others.
He is dressed **the most casually**. Perhaps it's his day off?

James kleidet sich so schick wie Hugo. Toby kleidet sich schicker als Carl. Herbert achtet ebenfalls mehr auf seine Kleidung als Carl. Carl kleidet sich nicht so schick wie die anderen. Er ist am legersten gekleidet. Vielleicht hat er heute frei?

Die Stellung der Adverbien im Satz

Adverbien sind im Vergleich zu Adjektiven nicht nur sehr vielseitig, sie sind darüber hinaus sehr flexibel, da sie an unterschiedlichen Stellen im Satz stehen können. Je nach Funktion steht das Adverb ...

- **am Satzanfang**
- **in der Mitte des Satzes**
- **am Satzende**

Adverbien, die ein Adjektiv oder ein anderes Adverb näher bestimmen, stehen meist unmittelbar vor dem entsprechenden Wort.

The children are **very** keen chefs.
Die Kinder sind sehr eifrige Köche.

Je nach Funktion stehen Adverbien, die ein Verb oder einen ganzen Satz näher bestimmen, an unterschiedlichen Stellen.

Adverbien der Art und Weise (z. B. carefully, quickly, loudly) stehen entweder:
> vor einem Verb oder am Satzende.

Emma reads the recipe **carefully**.
oder
Emma **carefully** reads the recipe.
Emma liest aufmerksam das Rezept.

Adverbien der Häufigkeit
(z. B. usually, never, often, sometimes) stehen entweder:
> direkt vor dem Hauptverb oder zur Betonung am Satzanfang.

They **usually** bake cookies.
oder
Usually they bake cookies.
Meistens backen sie Kekse.

Adverbien der Zeit und des Ortes (z. B. now, today, soon, here, outside, there) stehen entweder:
> am Satzende oder zur Betonung am Satzanfang.

They're tired and cranky and need a bath **now**.
oder
Now they're tired and cranky and need a bath.
Sie sind jetzt müde und schlecht gelaunt und brauchen ein Bad.

7 Die Konjunktionen

Was sind Konjunktionen?

Welchen **Zweck** erfüllen sie innerhalb eines Satzes?

Welche Konjunktionen gibt es im Englischen?

Conjunctions (Konjunktionen)

verbinden Wörter, Wortgruppen und Sätze miteinander.

Co-ordinating conjunctions nebenordnende Konjunktionen verbinden gleichrangige Elemente miteinander. Zu den wichtigsten nebenordnenden Konjunktionen gehören:

and und
but aber
so also, deshalb
or oder

Leila has three cars **and** a motorbike.
Leila hat drei Autos und ein Motorrad.

Leila wants a new car, **so** she buys one.
Leila möchte ein neues Auto, also kauft sie sich eins.

Manche Konjunktionen bestehen aus zwei Teilen, die getrennt im Satz stehen. Diese werden **correlative conjunctions** genannt. Zu den wichtigsten zählen:

both … and sowohl … als auch
either … or entweder … oder
whether … or ob … oder
neither … nor weder … noch

At first Leila likes **both** the Cadillac **and** the Corvette.
Zunächst mag Leila sowohl den Cadillac als auch die Corvette.

Leila likes **neither** small **nor** unreliable cars.
Leila mag weder kleine noch unzuverlässige Autos.

Subordinating conjunctions unterordnende Konjunktionen leiten Nebensätze ein. Zu den wichtigsten zählen u. a.:

although obwohl
before vor
so that damit
because weil
in case falls
until bis

Leila buys a Cadillac **because** she wants a new car.
Leila kauft einen Cadillac, weil sie ein neues Auto möchte.

Before she buys a new car she test drives a few models.
Bevor sie ein neues Auto kauft, fährt sie ein paar Modelle Probe.

8 Die Verben

Was sind Verben und was **drücken** sie in einem Satz **aus**?

Welche **Arten** von Verben gibt es im Englischen?

VERB
verb

Sie möchten …

… eine Tätigkeit, ein Geschehen oder einen Zustand ausdrücken:

… über Tätigkeiten sprechen, die z. B.

- › andauern,
- › in der Vergangenheit passiert sind oder
- › in der Zukunft passieren werden:

… eine Frage stellen:

… einen verneinten Satz bilden:

… Wahrscheinlichkeit, Fähigkeit, Zwang bzw. Möglichkeit ausdrücken:

… verstehen, wie Verben und Präpositionen bzw. Verben und Partikel kombiniert werden können:

… verstehen, was **gerunds** bzw. ing-Formen sind und wann und wie Sie sie anwenden müssen:

- Vollverben
- Hilfsverben
- Hilfsverben
- Hilfsverben
- Modalverben
- Phrasal verbs
- ing-Formen

Vollverben

Man unterscheidet im Englischen drei wichtige Verbgruppen nach ihrer Funktion: **Vollverben**, **Hilfsverben** und **Modalverben**. Die meisten englischen Verben sind **Vollverben**. Sie bilden das **Prädikat** eines Satzes.

> Vollverben können **Formen in jeder Zeitstufe** bilden.

Hung **works** as a bartender.
(= present simple)
Hung **arbeitet** als Barkeeper.

Last year he worked
as a motorcycle courier.
(= past simple)
Letztes Jahr **hat** er als
Motorradcourier **gearbeitet**.

> Sie benötigen bei Fragen und verneinten Sätzen im **present simple** und im **past simple** sowie bei der Bildung der meisten Zeitformen (außer **present simple** und **past simple**) die **Hilfsverben** **be**, **do**, **have** und **will**.

Do you **like** cocktails?

Hilfsverb **Vollverb**

I **have** always **liked** cocktails.

Je nachdem, wie die Vollverben ihre Formen bilden, unterscheidet man zwischen **regelmäßigen** und **unregelmäßigen** Verben. Dies betrifft die Bildung des **past simple** und des **past participle**.

regelmäßige Verben	unregelmäßige Verben
Grundform + **-ed**	Änderung im Verbstamm
work – work**ed** – work**ed**	run – **ran** – **run**
play – play**ed** – play**ed**	sing – **sang** – **sung**

Verben können entweder **transitiv**, **intransitiv** oder **reflexiv** sein:

Subjekt + Verb + Objekt = transitiv

Transitive Verben benötigen ein Objekt, damit der Satz sinnvoll ist. Es können auch zwei Objekte sein.

Hung mixes **cocktails**. Hung mischt **Cocktails**.

Subjekt + Verb = intransitiv

Intransitive Verben brauchen kein Objekt, damit der Satz sinnvoll ist.

Hung is working. Hung arbeitet.

Subjekt + Verb + Reflexivpronomen = reflexiv

Das Reflexivpronomen bezieht sich immer auf das Subjekt

Hung cut **himself**. Hung hat **sich** geschnitten.

Hilfsverben

Hilfsverben (auxiliary verbs) unterstützen die Vollverben:

- bei der Bildung bestimmter **Zeitformen**
- bei der Bildung von **Fragen** und **verneinten Sätzen**
- sie dienen auch dazu, **Kurzantworten** zu bilden

Die 4 Hilfsverben im Englischen sind:

be | **have** | **do** | **will**

Schauen wir uns nun die Hilfsverben genauer an.

be

present simple	Kurzform	past simple
I am	I'm	I was
you are	you're	you were
he/she/it is	he'/she'/it's	he/she/it was
we are	we're	we were
you are	you're	you were
they are	they're	they were

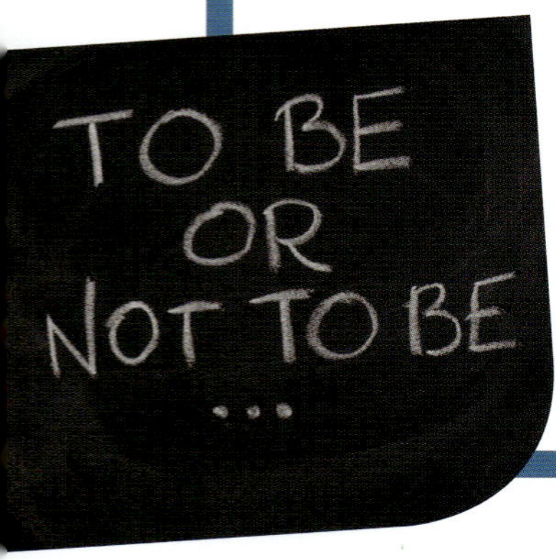

Sie benötigen das Hilfsverb **be** zur Bildung …

… aller Verlaufsformen:

eine Form von be + present participle

Gemma **is flirting** with Tim.
Gemma **flirtet** mit Tim.

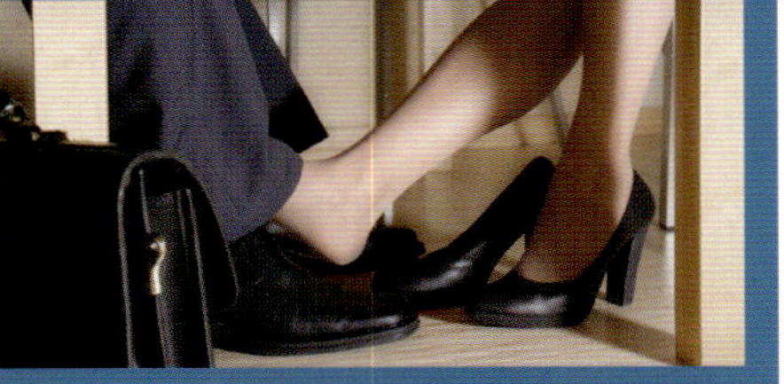

… der Passivformen:

eine Form von be + past participle

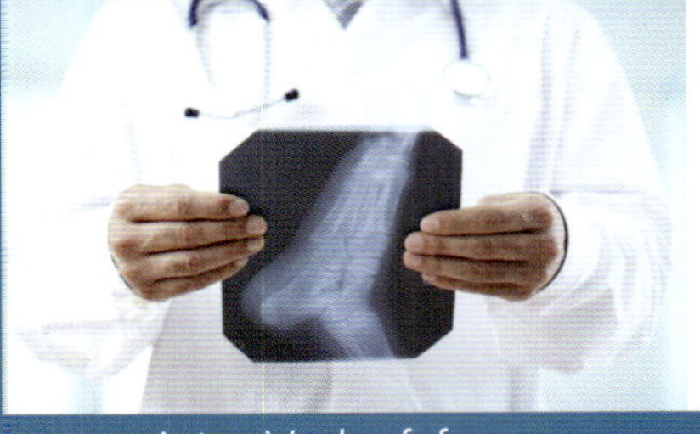

Gemma's advances **were rejected**.
Gemmas Annäherungsversuche **wurden zurückgewiesen**.

… verneinter Verlaufsformen:

eine Form von be + not/n't + present participle

Gemma **is not/isn't seeing** Tim.
Gemma **trifft** sich **nicht** mit Tim.

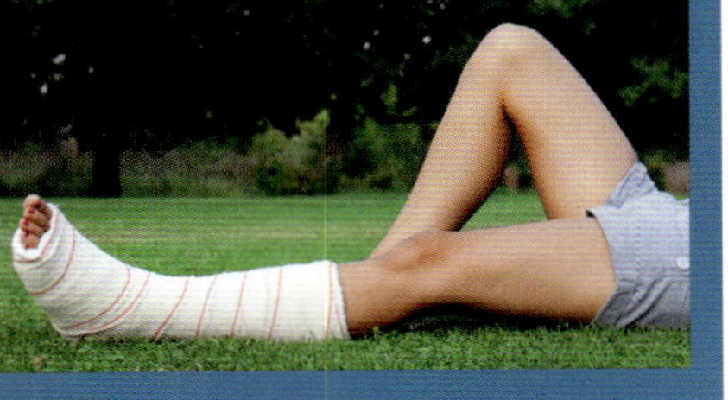

… von Fragen mit Verlaufsformen:

die Form von be wird mit dem Subjekt vertauscht

Is Tim **regretting** his actions?
Bereut Tim sein Verhalten?

have

present simple	Kurzform	past simple
I have	I've	I had
you have	you've	you had
he/she/it has	he'/she'/it's	he/she/it had
we have	we've	we had
you have	you've	you had
they have	they've	they had

Benutzen Sie Kurzformen möglichst nicht in der formellen Schriftsprache! In der gesprochenen Sprache sind sie dagegen gang und gäbe, da sie die Sprache flüssiger machen. Auch in E-Mails ist es üblich Kurzformen zu verwenden.

Sie benötigen das Hilfsverb **have** zur Bildung ...

... des present perfect:

have/has + past participle

The children **have lost** their ball.
Die Kinder **haben** ihren Ball **verloren**.

... des past perfect:

had + past participle

The dog **had** already **eaten** one ball.
Der Hund **hatte** schon einen Ball **gefressen**.

... sowie von Fragen im present perfect und im past perfect:

have/has/had + Subjekt + past participle

... und von verneinten Sätzen im present perfect und im past perfect:

have/has/had + not/n't + past participle

Have you seen Amy?
Hast du Amy **gesehen**?

No, I **haven't seen** her.
Nein, ich **habe** sie **nicht gesehen**.

do

present simple	past simple
I do	I did
you do	you did
he/she/it does	he/she/it did
we do	we did
you do	you did
they do	they did

Sie benötigen das Hilfsverb do zur Bildung ...

... von Fragen im present simple und im past simple:

do/does/did + Subjekt + Vollverb

... sowie von verneinten Sätzen im present simple und im past simple:

do not/don't/does not/doesn't/did not/didn't + Vollverb

Did you sleep well?
Hast du gut geschlafen?

I don't like early mornings.
Ich stehe nicht gerne früh auf.

will

Langform	Kurzform
I **will**	I**'ll**
you **will**	you**'ll**
he/she/it **will**	he'/she'/it**'ll**
we **will**	we**'ll**
you **will**	you**'ll**
they **will**	they**'ll**

Sie benötigen das Hilfsverb will zur Bildung ...

It **will** rain in a minute.
Es **wird** gleich regnen.

... der Zukunft, d. h. der Bildung von will-future, future progressive, future perfect und future perfect progressive. In all diesen Zeitformen gibt es jeweils nur eine bejahte und eine verneinte Form für alle Personen:

will/won't + Vollverb

be, have und do als Vollverben

be sein

Sie erinnern sich bestimmt:
Vollverben benötigen bei der Bildung von Fragen und verneinten Sätzen ein Hilfsverb.
Nicht jedoch im Falle von **be**! Es benötigt **kein Hilfsverb**!

Be leitet selbst **Fragen** ein:

Is it dinner time yet?
Ist es schon Zeit zum Essen?

Be steht vor **not** in **verneinten Sätzen**:

Dinner **isn't** ready yet.
Das Abendessen **ist** noch **nicht** fertig.

Und – weil alle guten Dinge drei sind – auch **Kurzantworten** und **Frageanhängsel** lassen sich mit **be** bilden:

John is hungry, **isn't** he? – Yes, he **is**!
John hat Hunger, nicht wahr? – Ja!

have/have got haben, besitzen

Als Vollverb bedeutet **have** meistens besitzen, haben.
Wie alle anderen Vollverben benötigt es bei der Bildung von **Fragen** und **verneinten Sätzen** das **Hilfsverb do**:

The Smiths **have** a white car.
Die Smiths **haben** ein weißes Auto.

Do the Smiths **have** a white car?
Haben die Smiths ein weißes Auto?

The Smiths **don't have** a yellow car.
Die Smiths **haben kein** gelbes Auto.

Als Alternative zu have als Vollverb, können Sie auch have got verwenden, das wiederum kein Hilfsverb benötigt.

Have the Smiths **got** a yellow car?
No, they **haven't got** a yellow car.
Haben die Smiths ein gelbes Auto?
Nein, sie haben kein gelbes Auto.

do tun, machen

Als Vollverb verhält sich **do** wie alle anderen Vollverben und benötigt ebenfalls das Hilfsverb **do**. Sie lesen also gleich zweimal **do** im Satz. Sieht zwar komisch aus, ist aber völlig korrekt!

I **didn't** do it!
Ich hab's nicht getan!

Modalverben

Modalverben (modal verbs) sind Hilfsverben, die Sie **nur zur Unterstützung eines Vollverbs** benutzen können. Sie drücken z. B. Fähigkeiten und Wünsche aus, oder geben an, wie zwingend oder mit welcher Sicherheit eine Handlung passiert.

Die Modalverben im Englischen sind:

bejahte Form		verneinte Form	
Langform	**Kurzform**	**Langform**	**Kurzform**
can	-	cannot	can't
could	-	could not	couldn't
will	'll	will not	won't
would	'd	would not	wouldn't
shall	'll	shall not	shan't
should	-	should not	shouldn't
may	-	may not	-
might	-	might not	-
must	-	must not	mustn't
need	-	need not	needn't
ought to	-	ought not to	oughtn't to
+ Infinitiv			

Merken Sie sich folgende **fünf Merkmale** der Modalverben:

Nach einem Modalverb **folgt immer ein Infinitiv ohne to** (Ausnahme: ought to).

Modals haben **in allen Personen die gleiche Form**. Vergessen Sie hier die Regel: He, she, it – das ‚s' muss mit!

Die **verneinte Form** wird nicht mit dem Hilfsverb do, sondern durch **Anhängen von not/n't** gebildet.

Fragen werden ebenfalls **ohne Hilfsverb** gebildet, d. h. das Modalverb steht alleine.

Modalverben gibt es grundsätzlich **nur im present simple**. Für alle anderen Zeiten benötigen Sie eine Ersatzform. Mehr dazu auf S. 112.

Gebrauch der Modalverben

can/could werden verwendet, um ...

- **Fähigkeiten** auszudrücken:

  I **can** ski and dive. Ich **kann** Skifahren und tauchen.

  We **couldn't** see because of the fog. Aufgrund des Nebels **konnten** wir nicht sehen.

- **höfliche Fragen** und **Vorschläge** auszudrücken:

  Can I help you? **Kann** ich Ihnen / dir helfen?

  We **could** ask Tom for help. Wir **könnten** Tom um Hilfe bitten.

- um **Erlaubnis** zu fragen:

  Can I go to the cinema with Emily? **Kann** ich mit Emily ins Kino gehen?

will/would werden verwendet, um ...

- informelle **Bitten** und **Einladungen** auszudrücken (will):

  Will you pass me the salt, please? **Kannst** du mir bitte das Salz reichen?

  Will you join us for lunch? **Kommst** du mit uns zum Mittagessen?

- **Vermutungen** auszudrücken (will):

  She'**ll** be home by now. Sie **wird** inzwischen zu Hause sein.

- **Befehle** auszudrücken (will):

  Will you be quiet! **Kannst** du bitte ruhig sein!

- die **verneinte Form** kann in der Bedeutung **nicht wollen / sich weigern** benutzt werden (will/would):

  He **won't** open the door. Er **weigert sich**, die Tür aufzumachen.

  I asked, but he just **wouldn't** tell me.
  Ich **habe** ihn gefragt, aber er **wollte** es mir einfach nicht sagen.

- **frühere** Gewohnheiten auszudrücken (would):

  We **would** go to the playground for hours when we were little.
  Als wir noch klein waren, haben wir **immer** Stunden auf dem Spielplatz verbracht.

shall/should werden verwendet, um …

höfliche Vorschläge zu machen (shall):

Shall we go to the football match? **Sollen** wir zum Fußballspiel gehen?

eine **Empfehlung** auszudrücken (should):

You **should** listen to Anne's advice. Du **solltest** Annes Rat befolgen.

Verpflichtungen auszudrücken (should):

You **should** always stop at a zebra crossing.
Du **solltest** an einem Zebrastreifen immer anhalten.

Kritik zu äußern (should):

You **should** have asked before you borrowed my shirt.
Du **hättest** fragen **sollen**, bevor du dir mein Hemd ausgeliehen hast.

may/might werden verwendet, um …

um **Erlaubnis** zu bitten (may):

May I go to the party with Jake? **Darf** ich mit Jake auf die Party gehen?

eine **starke Vermutung** auszudrücken:

You **may/might** already have heard about Elena.
Du wirst das von Elena **vielleicht schon** erfahren haben.

etwas auszudrücken, das **evtl. in der Zukunft** passieren wird:

We **may/might** move to Timbuktu in spring.
Wir ziehen im Frühjahr **evtl.** nach Timbuktu.

Darf ich?

Wenn Sie um Erlaubnis bitten, müssen Sie sich entscheiden, wie höflich Sie sein möchten.

Can I use your phone?
Kann ich dein/Ihr Telefon benutzen?

Could I use your phone?
Könnte ich dein/Ihr Telefon benutzen?

May I use your phone?
Dürfte ich dein/Ihr Telefon benutzen?

must wird verwendet, um ...

- einen **starken Zwang** oder eine **Verpflichtung** auszudrücken:

  I **must** leave now or I'll miss the bus.
  Ich **muss** jetzt gehen, sonst verpasse ich den Bus.

  You really **must** go and see that film.
  Du **solltest** den Film unbedingt sehen.

  You **must** talk to someone about your problems.
  Du **solltest unbedingt** mit jemandem über deine Probleme reden.

- mit **must not** wird ein **Verbot** ausgedrückt:

  You **mustn't** tell anyone.
  Du **darfst** es niemandem erzählen.

need ist sowohl Modalverb als auch Vollverb. Als Modalverb wird es **meistens** nur **in der verneinten Form need not/needn't** - verwendet, um ...

- auszudrücken, dass **keine Verpflichtung** besteht:

  You **needn't** walk. I'll give you a lift.
  Du **musst nicht** laufen. Ich kann dich fahren.

  We **needn't** do that now. Tomorrow will do.
  Wir **brauchen** das **nicht** jetzt zu machen. Es reicht morgen.

ought to wird verwendet, um ...

- eine **Verpflichtung** oder eine **dringende Notwendigkeit** auszudrücken:

  You **ought** to take a holiday. You look exhausted.
  Du solltest Urlaub nehmen. Du siehst erschöpft aus.

  I **ought** to leave now if I want to catch the next tube.
  Ich sollte jetzt gehen, wenn ich die nächste U-Bahn bekommen will.

Must I, Miss Sophie?

So viele Möglichkeiten, eine Verpflichtung oder einen Zwang auszudrücken! Wie soll man da durchblicken? Der Unterschied liegt darin, wie stark der Zwang ist. Schauen Sie:

You **needn't** walk.	Du brauchst nicht zu laufen. = Es besteht keine Notwendigkeit bzw. Verpflichtung. Es gibt eine Alternative.
You **could** walk.	Du könntest laufen. = Ich mache dir einen höflichen Vorschlag.
You **can** walk.	Du kannst laufen. = Du bist fähig zu laufen und ich erlaube es dir, nichts spricht dagegen.
You **should** walk.	Du solltest laufen. = Das ist eine höfliche Empfehlung. Das Wetter ist schön, frische Luft und Bewegung tun dir gut.
You **ought to** walk.	Du solltest (unbedingt) laufen. = Ebenfalls eine höfliche Empfehlung, aber mit mehr Nachdruck. Du solltest unbedingt laufen, es wäre gut für dich.
You **must** walk.	Du musst laufen. = Es gibt keine andere Möglichkeit. Es besteht ein starker Zwang.
You **will** walk!	Du wirst laufen! = Ich befehle es dir. Du hast keine andere Wahl.

Ersatzformen für Modalverben

Ungünstigerweise kommen Modalverben bis auf can **nur** im **present simple** vor. Für alle anderen Zeiten benötigen Sie **Ersatzformen**:

Modalverb		Ersatzform	Bedeutung
can	›	**be able to**	können
will, shall	›	**be going to**	werden
may, might	›	**be allowed to**	dürfen, können
must	›	**have to**	müssen
should, ought to	›	**be supposed to**	sollten
need not	›	**not have to**	nicht brauchen/müssen
must not	›	**not be allowed to**	nicht dürfen

You **ought to** go shopping tonight.
(= present simple)
Du **solltest** heute Abend einkaufen.

You **were supposed** to go shopping tonight!
(= past simple)
Du **hättest** heute Abend einkaufen gehen **sollen**.

... Poor John. No football tomorrow. He**'ll have to** go shopping instead!
(= future simple)

... Armer John. Kein Fußball für ihn morgen. Er **wird** stattdessen einkaufen gehen **müssen**!

Fragen mit Modalverben

Ungünstigerweise kommen Modalverben bis auf **can nur** im **present simple** vor. Für alle anderen Zeiten benötigen Sie **Ersatzformen**:

?

Bilden Sie Fragen mit Modalverben und deren Ersatzformen indem Sie das **Modalverb** oder das **Hilfsverb** (bei den Ersatzformen) **an den Anfang des Satzes** stellen. **Fragewörter** wie **why**, **how**, **who**, **what**, **where**, **when** und **how many** stehen **vor den Modalverben**.

When can I have my dinner?
Wann kann ich mein Abendessen haben?

Can someone please give me my dinner?
Kann mir bitte jemand mein Abendessen geben?

Why can't I have my dinner?
Warum kann ich mein Abendessen nicht haben?

Mummy, **why did you have to** throw Daddy out before dinner?
Mama, **warum musstest** du Papa ausgerechnet vor dem Abendessen rauswerfen?

Why must I endure all this?!
Warum muss ich das alles ertragen?!

Phrasal Verbs

Ein Phrasal Verb ist eine **feste Verbindung** eines **Verbes** mit einer **Präposition** **oder** einer **adverbialen Partikel**. Phrasal Verbs haben eine **eigene Bedeutung**, die sich aus der Bedeutung des Verbs nicht ableiten lässt.

Schauen wir uns das am Beispiel von **look**, einem besonders vielseitigen Verb, an:

look after	aufpassen auf
look at	anschauen
look for	suchen
look forward to	sich freuen auf
look out	herausschauen aus
look over	drüberschauen
look through	durchsehen, hindurchschauen
look up	nachschlagen

Es gibt im Englischen sehr viele Phrasal Verbs. Sie lernen sie am besten nach und nach auswendig!

Sie haben folgende **Kombinationsmöglichkeiten**:

Verb + Präp + Obj
Anne **looks at the photo.**
Anne sieht sich das Foto an.

Verb + Partikel
Anne **sits down.**
Anne setzt sich hin.

Verb + Partikel + Obj
Anne **looks up John's address.**
Anne schlägt Johns Adresse nach.

Verb + Obj + Partikel
Anne **looks John's address up.**
Anne schlägt Johns Adresse nach.

Verb + Part. + Präp + Obj
Anne **looks out for John.**
Anne hält Ausschau nach John.

Drei Dinge sind Ihnen sicher aufgefallen:

- Bei einem Phrasal Verb mit Präposition steht das **Objekt immer nach der Präposition**.
- Ein Phrasal Verb mit Partikel benötigt nicht unbedingt ein Objekt.
- Bei einem Phrasal Verb mit Partikel und Objekt, kann **die Partikel entweder vor oder nach dem Objekt stehen**. Ist das Objekt allerdings ein Personalpronomen, so muss die **Partikel nach dem Objekt** stehen:

  Anne **looks it up**. Anne **schlägt es nach**.

Der Imperativ

Mit dem Imperativ (imperative) drücken Sie **Aufforderungen**, **Befehle**, **Verbote**, **Wünsche**, **Bitten**, **spontane Einladungen** oder **Ratschläge** aus. Er wird auch **Befehlsform** genannt. Damit wenden Sie sich an eine oder mehrere Personen.

Sie bilden den Imperativ im Englischen mit der **Grundform des Verbs**, dem Infinitiv. Er hat im Singular, im Plural und in der höflichen Anrede die gleiche Form:

Be careful. **Sei** / **Seid** / **Seien Sie** vorsichtig!

Fordern Sie jemanden auf, etwas nicht zu tun, verwenden Sie **do not/don't + Grundform:**

Don't jump! **Nicht springen!**

Don't forget:

- Wieder mal ein Fall von englischem Understatement? Aufforderungen enden im Englischen meistens mit einem **Punkt**. Nur bei besonders betonten Befehlen oder Ausrufen sollten Sie ein Ausrufezeichen verwenden.

- Durch ein voran- oder nachgestelltes **please** wirkt die Aufforderung grundsätzlich höflicher:

  Help me put up the tent, **please**.
  Hilf mir **bitte**, das Zelt aufzubauen.

- Durch ein zusätzliches **do** können Sie eine Einladung oder Aufforderung etwas nachdrücklicher formulieren:

  Do move away from the edge.
  Geh bitte von der Kante weg!

- Bei Aufforderungen, in denen der Sprecher mit einbezogen ist, verwenden Sie **let's** (= let us - lass / lasst / lassen Sie uns):

  Let's stay here and watch the sunset.
  Lass uns hierbleiben und den Sonnenuntergang schauen.

  Let's not spend the night here, darling. It's too dangerous.
  Lass uns nicht hier übernachten, Schatz. Es ist zu gefährlich.

Das Passiv

Das Passiv (passive) benötigen Sie, wenn Sie nicht die handelnde Person, sondern die **Handlung in den Vordergrund** stellen möchten.

Sie bilden das Passiv mit:

einer Form von be + past participle

Den Urheber der Handlung schließen Sie mit **by** an.

The cake **was baked** by Julio. It **was eaten** by everyone else!
Der Kuchen **wurde** von Julio **gebacken**. Er **wurde** von allen anderen **gegessen**!

Verneinungen werden gebildet, indem Sie **not/n't** an die Form von **be** hängen:

The cake **wasn't** eaten by Julio.
Der Kuchen **wurde nicht** von Julio gegessen.

Bei Fragen vertauschen Sie die Form von **be** mit dem Subjekt:

Was the cake even baked by Julio?
Wurde der Kuchen überhaupt von Julio gebacken?

Das Passiv mit Modalverben bilden Sie mit:

Modalverb + Infinitiv von be + past participle

All hands **must be washed** before the **cake can be** eaten!
Alle Hände **müssen gewaschen werden**, bevor der Kuchen **gegessen werden kann**!

Aktiv vs. Passiv

Im Aktiv steht die handelnde Person, d. h. das Subjekt des Satzes, vor dem Prädikat. Und das Objekt steht dahinter. Mit dem Passiv ändern Sie die Reihenfolge der Informationen, d. h. das **Objekt wird zum Subjekt** des Satzes und steht **vor dem Prädikat**.

Julio had baked **a chocolate cake**. (Aktivsatz)

Objekt

The chocolate cake had been baked by Julio. (Passivsatz)

Subjekt

Das Passiv wird im Englischen u. a. häufig verwendet in:

- Zeitungsberichten
  Two people **were taken** to hospital after eating the cake.
  Zwei Personen **wurden** ins Krankenhaus **gebracht**, nachdem sie den Kuchen gegessen hatten.
- (technischen) Beschreibungen
  The cake **was made** with chocolate.
  Der Kuchen **wurde** mit Schokolade **zubereitet**.
- Geboten und Anweisungen
  The last piece of cake must **be shared**.
  Das letzte Stück Kuchen muss **aufgeteilt werden**.

ing-Formen

Ein Substantiv kann ein Gegenstand, eine Person, ein Tier oder ein abstrakter Begriff sein. Aber auch **Tätigkeiten** können mit einem Substantiv ausgedrückt werden: das Lesen, das Laufen etc. Im Englischen benutzen Sie hierfür die **ing-Form**. Sie wird auch **gerund** genannt.

Sie bilden die ing-Form mit:
der Grundform des Verbs + ing

read > **reading** ski > **skiing** run > **running**

Verwechseln Sie die **ing-Form**, das gerund, **nicht** mit den **Verlaufsformen**! Beachten Sie den Unterschied:

ing-Form / gerund

Skiing is my hobby.
(skiing = Subjekt)

I love **skiing**.
(skiing = Objekt)

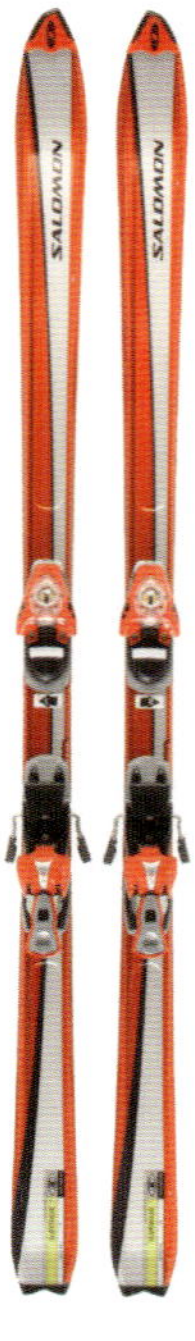

Verlaufsform

I was skiing in the Rockies.

(= past progressive)

Die Schreibweisen sind allerdings bei beiden Formen gleich!

Wie Sie sehen, kann eine ing-Form, wie andere Substantive, sowohl **Subjekt eines Satzes** als auch **Objekt eines Satzes** sein.

> Als **Subjekt** steht es unmittelbar **vor dem Verb**.

Skiing can be dangerous.
Skifahren kann gefährlich sein.

Still, I love skiing!
Trotzdem liebe ich **Skifahren** (noch immer)!

> Als **Objekt** steht die ing-Form **meistens nach Verben**, die eine **Vorliebe** (z. B. **like**, **love**, **enjoy**) oder eine **Abneigung** (z. B. **verneintes like**, **hate**) ausdrücken.

Beachten Sie folgende Regeln:

Nach bestimmten Verben muss die ing-Form stehen, z. B.

avoid	vermeiden	**give up**	aufgeben
can't help	nicht anders können	**imagine**	sich vorstellen
carry on	weitermachen	**include**	beinhalten
consider	nachdenken über	**keep**	dauernd tun
dislike	ungerne tun	**miss**	vermissen
enjoy	gerne tun	**practice**	üben
finish	aufhören	**suggest**	vorschlagen

...

If we **carry on** argu**ing** like this, I want a divorce!
Wenn wir uns weiterhin so streiten, will ich die Scheidung!

I **dislike** leav**ing** the kids at home alone.
Ich lasse die Kinder ungerne alleine zu Hause.

Tom **keeps** distract**ing** me while I work.
Tom lenkt mich ständig vom Arbeiten ab.

Since he's moved to the Highlands Jamie **misses** see**ing** Amy every day.
Seitdem er in die Highlands gezogen ist, vermisst Jamie es, Amy jeden Tag zu sehen.

Nach bestimmten Präpositionen muss die ing-Form stehen

after	nach	**in spite of**	trotz
by	durch	**instead of**	anstatt
before	vor	**without**	ohne

After leav**ing** work, Robin went for a run in Hyde Park.
Nachdem er den Arbeitsplatz/die Arbeit verlassen hatte, ging Robin im Hyde Park laufen.

He crossed the road **without** look**ing** left or right.
Er überquerte die Straße **ohne** nach links oder rechts zu schauen.

Nach bestimmten Ausdrücken mit Präpositionen muss die ing-Form stehen

Dabei kann es sich um Ausdrücke aus Verb + Präposition sowie Adjektiv + Präposition handeln, z. B.

be afraid of	Angst haben vor	be good/bad at	darin gut/schlecht sein
apologize for	sich entschuldigen für	feel like	Lust haben auf
begin by	beginnen mit	famous for	berühmt für
complain about	sich beschweren über	interested in	interessiert an
look forward to	sich freuen auf	tired of	überdrüssig (+ Gen.)
...			

We look forward to hearing from you soon.
Wir freuen uns, bald von Ihnen zu hören.

Ben and Jerry feel like having a quiet night in.
Ben und Jerry haben Lust auf einen ruhigen Abend zu Hause.

Olivia is tired of waiting for Mr Right.
Olivia hat keine Lust mehr, auf den Richtigen zu warten.

Die ing-Form steht meistens nach bestimmten Verben

Es gibt eine Reihe von Verben, nach denen **meistens** (aber nicht immer, s. auch nächste Seite) eine ing-Form steht. Hauptsächlich nach Verben, die eine Vorliebe oder Abneigung ausdrücken, z. B.

go	gehen	like	mögen, gerne tun
hate	hassen	love	sehr gerne tun
...			

I go kitesurfing every Sunday.
Ich gehe jeden Sonntag Kitesurfen.

George loves reading the Sunday papers in bed.
George liebt es, die Sonntagszeitung im Bett zu lesen.

Nach bestimmten Verben kann sowohl eine ing-Form als auch ein Infinitiv stehen

... ohne dass sich die Bedeutung des Satzes ändert. Im Wesentlichen sind das: **love**, **like**, **hate**, **begin**, **continue**, **intend**, **prefer**, **start**.

start	+ ing-Form	I **started** writ**ing** my essay two days before it was due. Ich begann, meinen Aufsatz zwei Tage vor dem Abgabetermin zu schreiben.
	+ Infinitiv	James **started to write** his essay in good time. James fing an, seinen Aufsatz rechtzeitig zu schreiben.
love	+ ing-Form	Ruth **loves** read**ing** Arabic poetry. Ruth liest sehr gerne arabische Lyrik.
	+ Infinitiv	By contrast Harry **loves to read** thrillers. Harry dagegen liest sehr gerne Thriller.
intend	+ ing-Form	I **intend** hir**ing** a new lawyer. Ich habe vor einen neuen Anwalt einzustellen.
	+ Infinitiv	I **intend to hire** someone with lots of experience. Ich beabsichtige, jemanden mit viel Erfahrung einzustellen.

Einige Verben ändern jedoch ihre Bedeutung. Die wichtigsten sind **stop**, **forget**, **remember**, **regret**, **mean**, **try**. Vergleichen Sie den Unterschied:

She **stopped** smok**ing**. Sie hörte mit dem Rauchen auf.		She **stopped to smoke**. Sie hielt an, um zu rauchen.
He'll never **forget** tell**ing** her he loved her for the first time. Er wird nie vergessen, als er ihr das erste Mal gesagt hat, dass er sie liebt.	**vs.**	He **forgot to tell** her he loved her when he left for work today. Er hat vergesen, ihr zu sagen, dass er sie liebt, als er heute zur Arbeit ging.
Sam **regrets** shout**ing** at Carla. Sam bereut es, Carla angeschrien zu haben.		We **regret to inform** you the flight has been cancelled. Wir bedauern, Ihnen mitteilen zu müssen, dass der Flug storniert wurde.

Nach bestimmten Verben muss der Infinitiv stehen

Nach einigen Verben kann nur ein **Infinitiv mit to** stehen, z. B. nach

agree	zustimmen	**hope**	hoffen
attempt	versuchen	**learn**	lernen
choose	wählen	**prepare**	vorbereiten
decide	entscheiden	**promise**	versprechen
expect	erwarten	**refuse**	sich weigern
help	helfen	**want**	wollen

...

Todd **agreed to be** Hanna's date on prom night.
Todd sagte Hannas Einladung zu, sie zum Abschlussball zu begleiten.

She **expects** him **to pick** her **up** in style and on time.
Sie erwartet, dass er sie stilgerecht und pünktlich abholt.

They **promised not to do** anything silly.
Sie versprachen, nichts Dummes zu machen.

Both of them really **want to make** it a night to remember.
Beide wollen wirklich, dass es ein unvergesslicher Abend wird.

9 Die Zeiten

Welche Zeiten gibt es im Englischen?

Wie bilde ich sie?

Wann benutze ich welche?

Und **was** drücke ich mit der jeweiligen Zeit aus?

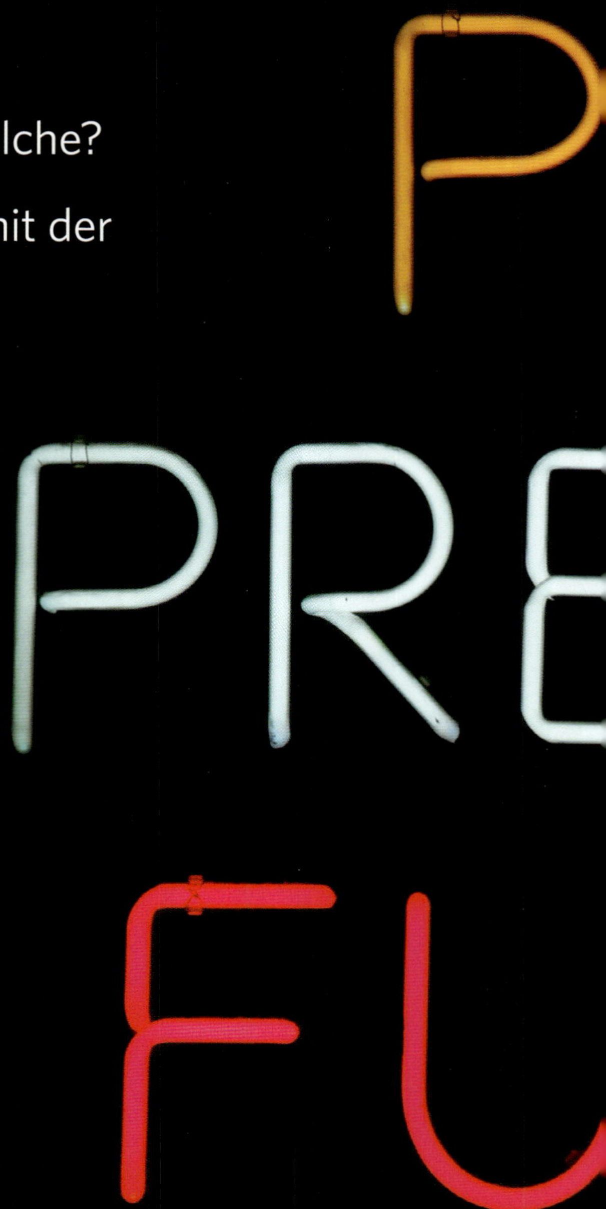

AST
SENT
TURE

Mit den Zeiten sagen Sie aus, ob eine Handlung oder ein Geschehen bereits stattgefunden hat (= Vergangenheit - past), gerade stattfindet (= Gegenwart - present) oder

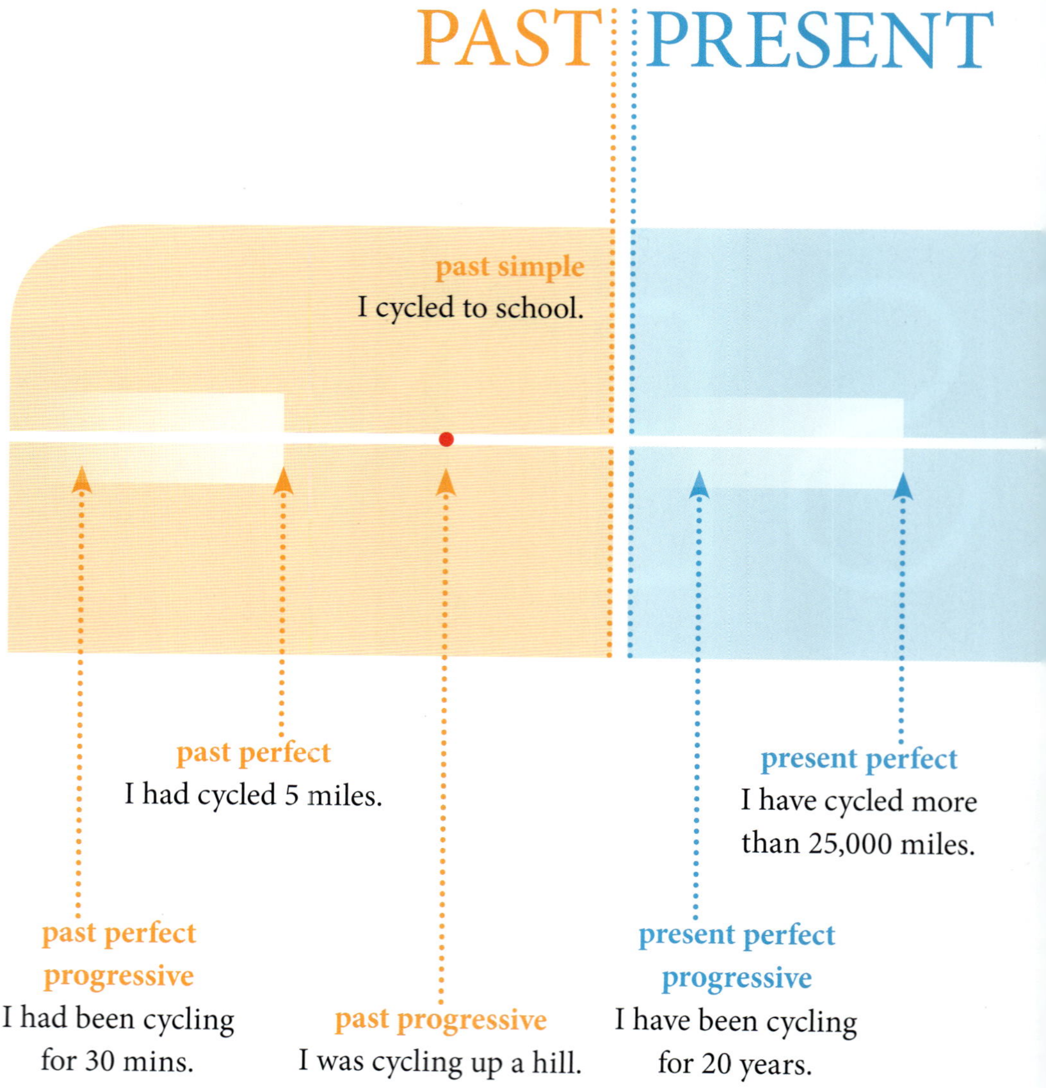

noch stattfinden wird (= Zukunft - future).

Hier sehen Sie die wichtigsten englischen Zeiten im Überblick. In den folgenden Kapiteln werden sie näher vorgestellt.

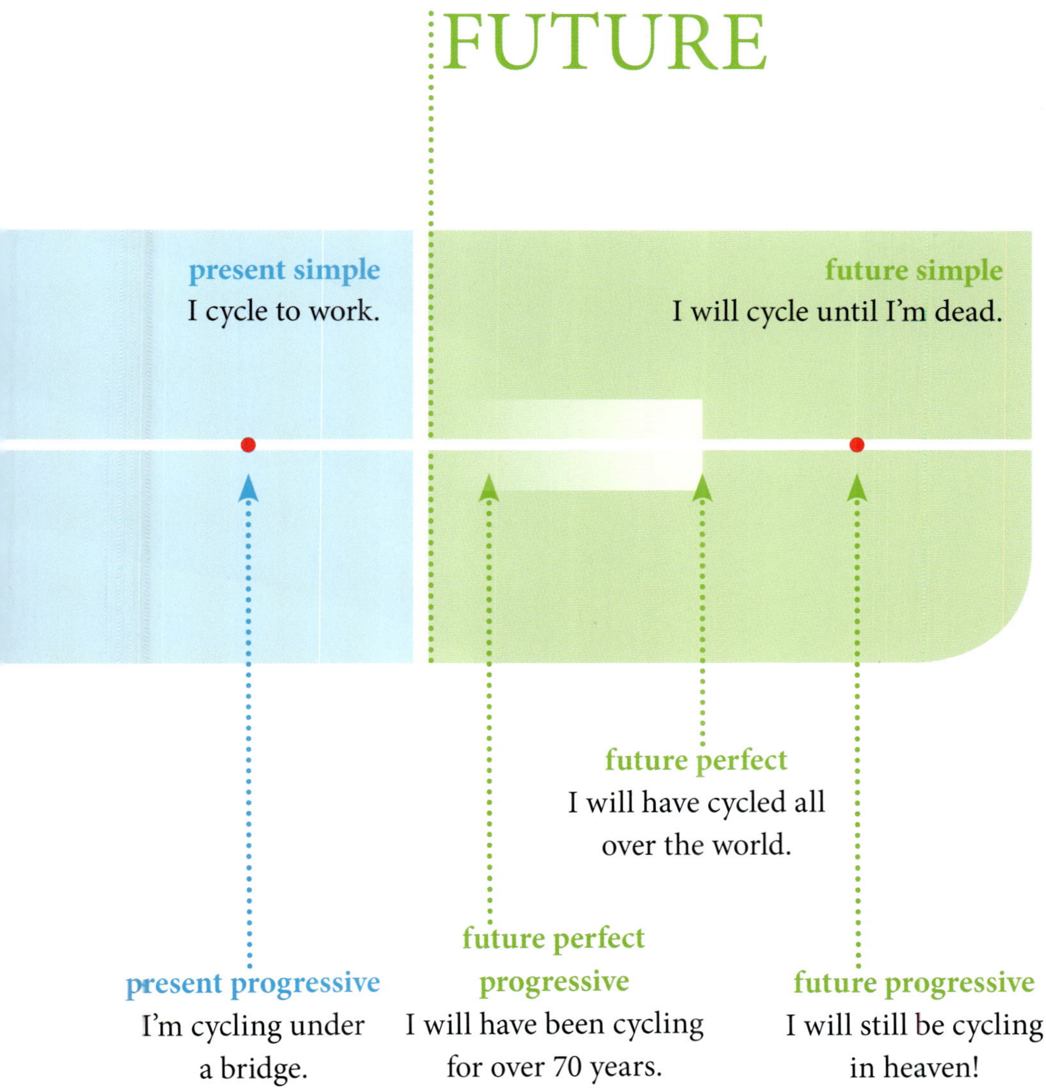

10 Die Vergangenheit

Welche **Unterschiede** gibt es bei den Vergangenheitsformen des Englischen?

Wann verwende ich **welche** Form?

Was muss ich dabei beachten?

Die Vergangenheit

Im Englischen haben Sie folgende Möglichkeiten, **vergangene Handlungen** und **Ereignisse** auszudrücken:

past simple

I cycl**ed** to school.

Ich fuhr mit dem Fahrrad zur Schule.

past perfect (simple)

I **had cycled** 5 miles.

Ich war 5 Meilen mit dem Rad gefahren.

present perfect (simple)

I **have cycled** more than 25,000 miles.

Ich bin mehr als 25.000 Meilen mit dem Rad gefahren.

past progressive

I **was cycling** up a hill.

Ich fuhr mit dem Rad einen Berg hinauf.

past perfect progressive

I **had been cycling** for 30 minutes.

Ich fuhr schon seit 30 Minuten Rad.

present perfect progressive

I **have been cycling** for 20 years.

Ich fahre schon seit 20 Jahren Rad.

Die letzten beiden Zeiten – **present perfect** und **present perfect progressive** – beschreiben eine vollendete Gegenwart, da sie für Handlungen verwendet werden, die zwar in der Vergangenheit beginnen, in der Gegenwart aber noch von Bedeutung sind. Wir behandeln sie dennoch in diesem Kapitel.

Das past simple

Sie bilden das **past simple** bei regelmäßigen Verben folgendermaßen:

Grundform des Verbs + -ed

walk + ed = walked **look + ed = looked** **start + ed = started**

Großartig, es gibt für alle Personen nur eine Form!
Die einzige Ausnahme ist das Verb ‚be', das zwei Formen hat:

I, you, he/she/it, we, you, they	› worked/looked/started/…
I, he/she/it	› was
you, we, you, they	› were

Beachten Sie folgende Besonderheiten bei der Bildung der regelmäßigen **past simple**-Formen:

Schreibweise	
stop › stopp**ed** travel › travell**ed**	Endet ein Verb auf einem kurzen Vokal + Konsonant, wird der Endkonsonant verdoppelt.
cycle › cycle**d** smile › smile**d**	Endet ein Verb auf einem nicht gesprochenen **-e**, wird nur **-d** angehängt.
try › tr**ied** marry › marr**ied**	Endet ein Verb auf **Konsonant + y**, wird das **y** durch **-ied** ersetzt.

Nach Vokalen und stimmhaften Konsonanten wird ein weiches [d] gesprochen.

loved [lʌvd]
closed [kləʊzd]
rained [reɪnd]

Nach stimmlosen Konsonanten wird ein hartes [t] gesprochen.

asked [ɑ:skt]
helped [helpt]
touched [tʌtʃt]

Endet eine Verbform in der Grundform auf d oder t, wird ein [ɪd] ausgesprochen.

visited [ˈvɪzɪtɪd]
wanted [ˈwɒntɪd]
started [ˈstɑ:tɪd]

Für die vielen **unregelmäßigen Verben** im Englischen gilt:
es gibt **keine Regel bei der Bildung des past simple**. Sie müssen sie einfach auswendig lernen! Hier ein paar (ganz wenige) Beispiele:

catch > **caught** • drive > **drove** • forget > **forgot** • go > **went**
know > **knew** • make > **made** • read > **read** • see > **saw**
sing > **sang** • stand > **stood** • think > **thought** • …

Und - last but not least – das sollten Sie auch noch wissen:

Verneinungen

Subjekt + did not/didn't + Grundform des Verbs

I did not/didn't cycle today.

(Aufgepasst! Nach **didn't** folgt die **Grundform**, nicht die past simple-Form!)

Fragen

Did not/Didn't + Subjekt + Grundform des Verbs

Did you cycle today?
Didn't you cycle today?

Kurzantworten

Yes/No + Subjekt + did/didn't

Yes, I did.
No, I didn't.

Gebrauch des past simple

Das past simple wird verwendet bei:

- **abgeschlossenen Handlungen** und **Ereignissen**, die in der **Vergangenheit** beendet wurden.

Emily **missed** the final episode of Game of Thrones.
Emily **verpasste** die letzte Folge von Game of Thrones.

I always **had** fruit for breakfast when I **was** a student.
Ich **aß** zum Frühstück immer Obst als ich noch Studert(in) **war**.

- **Handlungen** und **Ereignissen**, die **regelmäßig** oder **aus Gewohnheit** in der **Vergangenheit** passiert sind.

> dem **Erzählen** von **Geschichten** oder **Berichten** in der Vergangenheit.

Little Red Riding Hood **was** prepared for her next meeting.
Rotkäppchen war auf ihr nächstes Meeting vorbereitet.

Did Ned ever find out who stole his carrots?
Hat Ned je **herausgefunden**, wer seine Karotten gestohlen hat?

> **Fragen** zu **abgeschlossenen Handlungen** und **Ereignissen** in der **Vergangenheit**. Hier kann nicht – im Gegensatz zum Deutschen – das Perfekt benutzt werden!

Signalwörter

yesterday	gestern
last week,	letzte Woche,
last summer, …	letzten Sommer, …
five minutes **ago**,	vor fünf Minuten,
two years **ago**, …	vor zwei Jahren, …

Das past progressive

Sie bilden das **past progressive** folgendermaßen:

eine Form von be im past simple
+
present participle

I/He/She/It	**was**	**cycling.**
You/We/You/They	**were**	**cycling.**

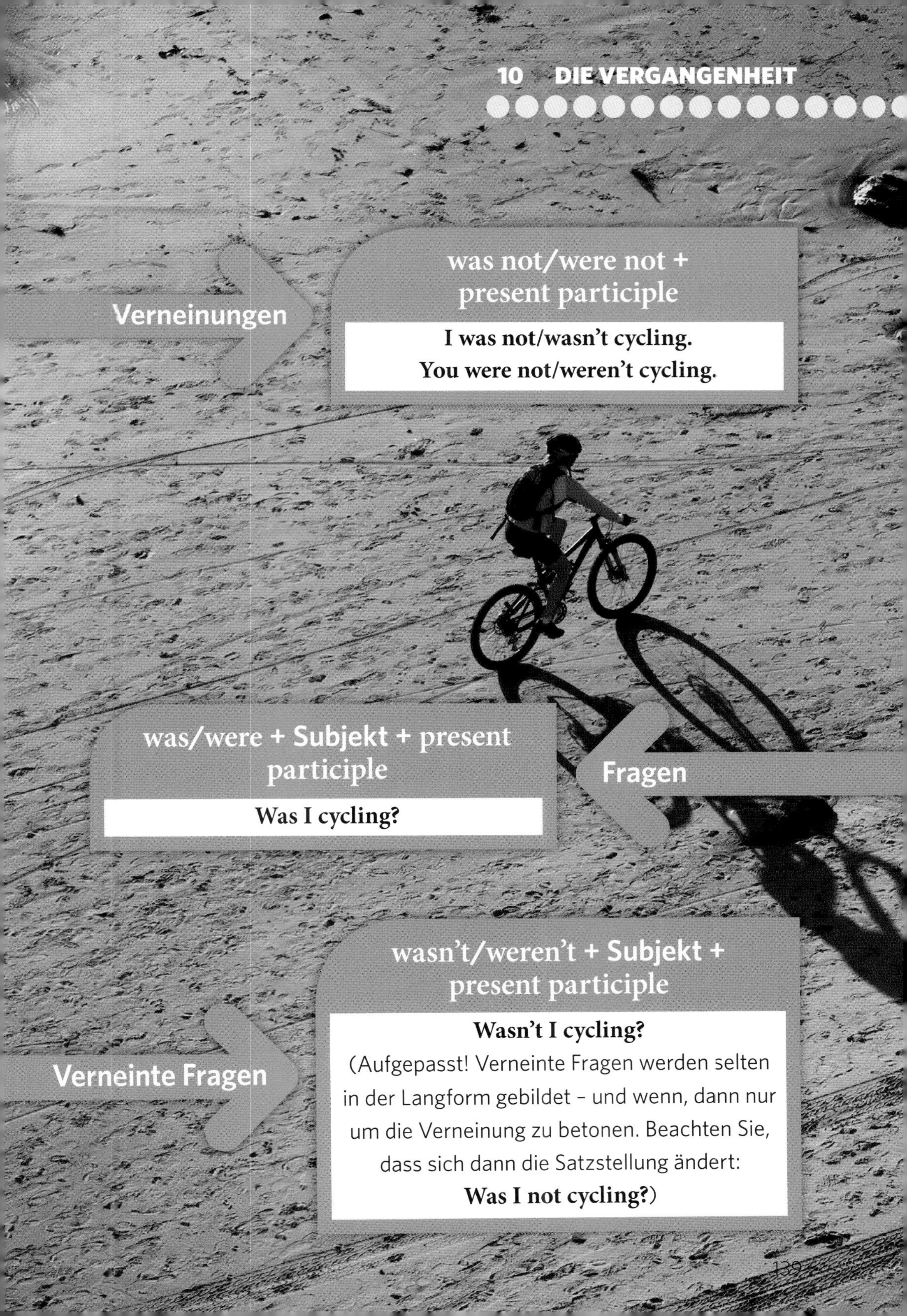

Verneinungen

was not/were not + present participle

I was not/wasn't cycling.
You were not/weren't cycling.

Fragen

was/were + **Subjekt** + present participle

Was I cycling?

Verneinte Fragen

wasn't/weren't + **Subjekt** + present participle

Wasn't I cycling?

(Aufgepasst! Verneinte Fragen werden selten in der Langform gebildet – und wenn, dann nur um die Verneinung zu betonen. Beachten Sie, dass sich dann die Satzstellung ändert: **Was I not cycling?**)

Gebrauch des past progressive

Sie verwenden das **past progressive**:

bei **Handlungen** oder Begebenheiten in der Vergangenheit, die **bereits angefangen haben** und noch andauerten, als ein weiteres, meist kürzeres Ereignis eintrat. Die bereits ablaufende Handlung steht im past progressive. Das neu eintretende Ereignis steht im past simple.

While Jenny **was driving** to work, she thought about moving to Jamaica.
Während Jenny zur Arbeit **fuhr**, überlegte sie, ob sie nach Jamaica auswandern sollte.

um zu sagen, womit jemand **zu einer bestimmten Zeit** in der Vergangenheit (bereits) beschäftigt war.

At 6:30 this morning Alex **was looking** for her car.
Heute Morgen um halb sieben **suchte** Alex nach ihrem Wagen.

für **Handlungen** oder Ereignisse in der Vergangenheit, die über einen längeren Zeitraum **gleichzeitig** abliefen.

While I **was having** a lie-in this morning, others **were struggling** to work through the snow.
Während ich heute Morgen ausschlief, **kämpften** sich andere durch den Schnee zur Arbeit.

zur **Beschreibung von Szenen**, für Hintergrundinformationen und um Atmosphäre zu schaffen, die den Leser – z. B. bei einer Erzählung – einstimmen soll.

Night **was falling** fast and the snow **was driving** into his face, obscuring his vision.
Es **wurde** immer dunkler und der Schnee **peitschte** ihm unaufhörlich ins Gesicht, sodass er kaum noch was sah.

für **temporäre Situationen** in der Vergangenheit.

The children **were waiting** for the school bus.
Die Kinder **warteten** auf den Schulbus.

zur **Betonung der Dauer** einer Handlung oder eines Ereignisses in der Vergangenheit.

I **was shovelling** snow all morning!
Ich **habe** den ganzen Morgen Schnee **geschippt**!

Signalwörter

while + past progressive während

aber

when + past simple als

When I **cycled** to work it had stopped snowing.

Past simple vs. past progressive …

Je nach Sprechabsicht können beide Zeitformen korrekt sein. Entscheidend ist, was Sie ausdrücken möchten! Vergleichen Sie:

past simple

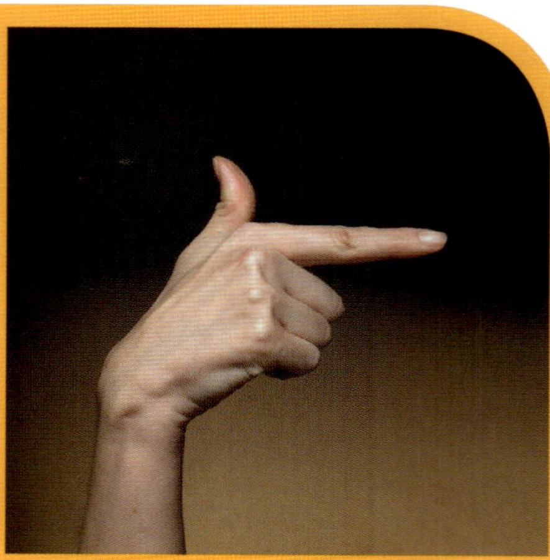

I **lived** in New York.
Ich **arbeitete** in New York.

(Ich hatte dort meinen festen Wohnsitz. Ich habe dort gelebt)

What **did** you **do** when you heard the news?
Was **hast** du **gemacht**, als du die Nachricht gehört hast?

(Frage nach der Reaktion auf die Nachricht)

... die kleinen, feinen Unterschiede

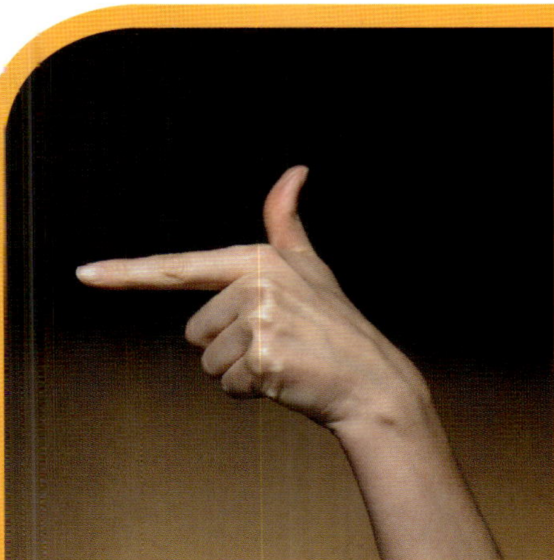

past progressive

I **was living** in New York.
Ich **wohnte** (zu der Zeit) in New York.

(Ich habe davor und danach woanders gewohnt. Ich habe da nur vorübergehend gewohnt. Impliziert wird außerdem, dass die Dinge, die währenddessen passierten, ebenso wichtig sind, wie die Tatsache, dass ich in New York lebte.)

What **were** you **doing** when you heard the news?
Was **hast** du (gerade in dem Augenblick) gemacht, als du die Nachricht gehört hast?

(Frage nach der bereits ablaufenden Tätigkeit, als man die Nachricht hörte)

Das past perfect

Sie bilden das **past perfect** folgendermaßen:

have im past simple + past participle
I/You/He/She/It/We/You/They **had** **cycled.**

Und die weiteren Formen sind genauso einfach!

Verneinungen

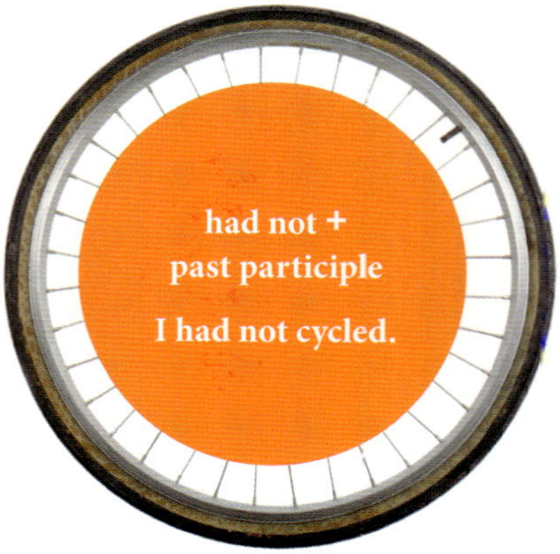

Fragen

Verneinte Fragen

Kurzantworten

Gebrauch des past perfect

Das past perfect wird verwendet für:

Handlungen und Ereignisse, die in der Vergangenheit **noch vor einem anderen Ereignis in der Vergangenheit** stattfanden.
Das **past perfect** steht oft in einem Satzgefüge von Haupt- und Nebensatz in Kombination mit dem **past simple**. In beiden Satzteilen handelt es sich um abgeschlossene Handlungen.

past simple

past perfect

Professer Higgins told his students about the research trip he **had taken** to Scunthorpe last month.

Professor Higgins erzählte seinen Studenten von der Forschungsreise, die er im letzten Monat nach Scunthorpe **unternommen hatte**.

Signalwörter **... gibt es keine!**

Past simple vs. past perfect …

Oft können Sie den gleichen Sachverhalt mit unterschiedlichen Satzmustern ausdrücken. Je nach Sprechabsicht müssen Sie unterschiedliche Zeitformen benutzen. Vergleichen Sie:

past simple

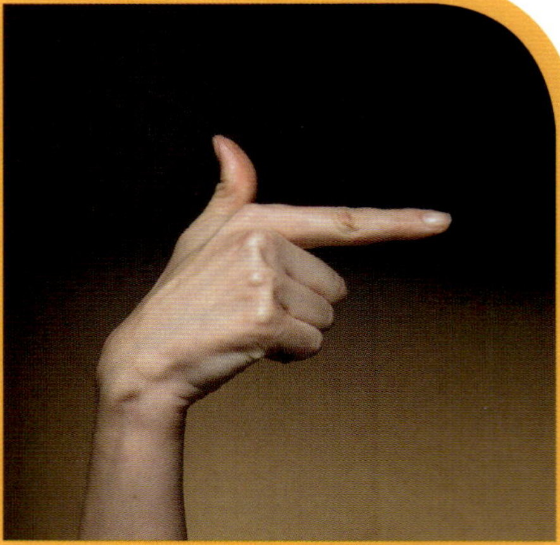

Im **past simple** werden abgeschlossene Handlungen in der Vergangenheit ausgedrückt. Sie benutzen das past simple, wenn Sie von nacheinander geschehenen Vorgängen in der Vergangenheit sprechen. Im Deutschen benutzt man u. U. das Perfekt.

We **arrived** at the airport in time. First of all we **checked in**, then we **went** through security. Everything **went** just fine.

Wir **kamen** pünktlich am Flughafen an. Zuallererst **haben** wir **eingecheckt**, dann **sind** wir durch die Sicherheitskontrolle **gegangen**. Es **ging** alles gut.

(Die Ereignisse werden **nacheinander** aufgezählt.)

... die kleinen, feinen Unterschiede

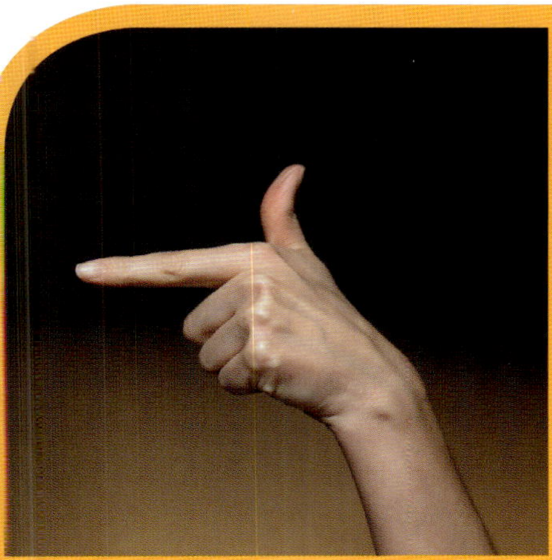

past perfect

Mit dem **past perfect** werden auch abgeschlossene Handlungen und Ereignisse ausgedrückt, allerdings haben diese zeitlich vor anderen Handlungen in der Vergangenheit stattgefunden. Sie liegen also in der Erzählperspektive weiter zurück.

We **arrived** at the airport in time. After we **had checked in** we **went** through security. Everything **went** just fine.

Wir **kamen** pünktlich am Flughafen an. Nachdem wir **eingecheckt hatten**, **sind** wir durch die Sicherheitskontrolle **gegangen**. Es **ging** alles gut.

(Das Einchecken hat **vor** der Sicherheitskontrolle stattgefunden.)

Das past perfect progressive

Sie bilden das **past perfect progressive** folgendermaßen:

be im past perfect + present participle

I/You/He/She/It/We/You/They	**had been**	**cycled.**
I/You/He/She/It/We/You/They	**'d been**	**cycled.**

Sie bilden das **present participle**, indem Sie **–ing** an die Grundform des Verbs anhängen.

Verneinungen	Fragen
had + not + been + present participle	**had + Subjekt + been + present particple**
James **had not been cycling**.	**Had James been cycling?**

Verneinte Fragen	Kurzantworten
hadn't + Subjekt + been + present participle	**Yes, + Subjekt + had** **No, + Subjekt + hadn't**
Hadn't James been cycling?	**Yes, he had./No, he hadn't.**

Der Gebrauch des past perfect progressive

Sie verwenden das **past perfect progressive**:

wenn Sie eine **länger andauernde Handlung**, die **vor einer anderen Handlung in der Vergangenheit** stattgefunden hat, beschreiben möchten.

The boys **had been doing** their homework together quietly for two hours when they suddenly started arguing about an algebra problem.

Die Jungs **hatten** zwei Stunden lang friedlich zusammen ihre Hausaufgaben **gemacht**, als sie plötzlich anfingen, sich über eine Algebra-Aufgabe zu streiten.

Signalwörter

... gibt es keine bestimmten! Es kann wie das present perfect und das present perfect progressive Sätze mit for und since bilden.

Die kleinen, feinen Unterschiede ...

past perfect progressive vs. past perfect

past perfect progressive

Das **past perfect progressive** betont die **Dauer** einer Handlung in der Vergangenheit.

Toby, who **had been weeding** the garden for hours, didn't take a single break.

Toby, der stundenlang Unkraut **gejätet hatte**, hat kein einziges Mal eine Pause gemacht.

(Es wird betont, **wie lange** Toby im Garten gearbeitet hat – nämlich stundenlang.)

past perfect

Beim **past perfect** ist dagegen nicht die Dauer, sondern das **Ergebnis** wichtig.

Toby **had weeded** the garden and **pruned** the roses by the time his girlfriend came home.

Toby **hatte** Unkraut **gejätet** und die Rosen **zurückgeschnitten** als seine Freundin nach Hause kam.

(Es wird betont, **was** Toby so lange im Garten gemacht hat.)

past perfect progressive vs. past progressive

past perfect progressive

Das past perfect progressive betont die Dauer einer Handlung, die **vor einer anderen Handlung in der Vergangenheit** stattfand.

I had already been living in New York for several years when I met Javier.

Ich lebte schon viele Jahre in New York als ich Javier kennenlernte.

(Es wird betont, **wie lange** ich in New York lebte, bevor ich Javier kennengelernt habe.)

past progressive

Das past progressive beschreibt eine länger andauernde Handlung in der Vergangenheit, **in die ein neues Ereignis eintritt**. Die neu eintretende Handlung steht im past simple.

While I was living in New York I took a salsa class where I met my husband Javier.

Während ich in New York lebte, habe ich einen Salsakurs gemacht, wo ich meinen Mann Javier kennenlernte.

(Es wird betont, dass ich Javier kennengelernt habe **während** ich etwas anderes machte.)

Das present perfect

Sie bilden das **present perfect** folgendermaßen:

eine Form von have im present simple
+
past participle

I/You/We/You/They	**have/'ve**	**cycled.**
He/She/It	**has/'s**	**cycled.**

Meistens werden im present perfect die Kurzformen verwendet

Das **past participle** stimmt bei allen **regelmäßigen Verben** mit der **past simple**-Form überein. Auch die Regeln für besondere Schreibweisen und für die Aussprache sind identisch.

Bei den vielen **unregelmäßigen Verben** ist neben der **past simple**-Form auch die **past participle-Form unregelmäßig**. Sie ahnen es sicher schon ... es gibt keine Regel bei der Bildung des **past participle**. Sie müssen sie einfach auswendig lernen. Hier ein paar Beispiele:

Grundform	past simple	past participle
catch	caught	**caught**
drive	drove	**driven**
forget	forgot	**forgotten**
go	went	**gone**
know	knew	**known**
make	made	**made**
see	saw	**seen**
stand	stood	**stood**
think	thought	**thought**

Verneinungen

have/has not + past participle
haven't/hasn't + past participle

I **have not/haven't cycled.**
He **has not/hasn't cycled.**

Fragen

have/has + **Subjekt** +
past participle

Have I/**Has he cycled?**

Verneinte Fragen

haven't/hasn't + **Subjekt** +
past participle

Haven't I cycled?
Hasn't he cycled?

Kurzantworten

Yes, + **Subjekt** + past participle
No, + **Subjekt** + past participle

Yes, I have?
No, he hasn't?

Gebrauch des present perfect

Sie verwenden das **present perfect**:

für Handlungen und Ereignisse, die sich **in der Vergangenheit** abspielten, aber **noch in der Gegenwart von Bedeutung** sind. Dabei steht das **Resultat** der Handlung **im Vordergrund**. Der Zeitpunkt des Geschehens ist nicht wichtig.

Oh dear, Wilbur **has** just **crashed** the car.
Oje, Wilbur **hat** gerade einen Autounfall **gehabt**.

(Resultat: Wilbur hat jetzt ein Problem.)

für **Ergebnisse in der Gegenwart**.

Wilbur **has smashed** ten cars so far.
Wilbur **hat** bisher zehn Autos **geschrottet**.

Achtung! Nicht verwechseln:

's + past participle = present perfect
's + ing-Form = present progressive

He**'s gone** (= He **has gone**) to the police.
He**'s going** (= He **is going**) to the police.

für **gegenwärtige Situationen**, die bereits **in der Vergangenheit angefangen** haben.

Wilbur's wife Maud **has** not **slept** well for 50 years.
Wilburs Frau Maud **schläft** seit 50 Jahren schlecht.

Übringens, Zeitangaben im **present perfect** werden mit **for** oder **since** angeschlossen. Beide werden mit ‚seit' übersetzt, aber keine Sorge, Sie können sich den Unterschied ganz einfach merken:

for = seit (+ Angabe eines **Zeitraums**)

since = seit (+ Angabe eines **Zeitpunkts**)

Maud has not slept well **for 50 years.**
Maud schläft **seit 50 Jahren** schlecht.

Maud has not slept well **since she married Wilbur.**
Maud schläft schlecht, **seitdem sie Wilbur geheiratet hat.**

Signalwörter

yet, not ... yet	schon, noch nicht
just	gerade
nearly	fast
already	schon
so far	bis jetzt
ever never	jemals, nie(mals)

Past simple vs. present perfect …

Je nach Sprechabsicht können beide Zeitformen korrekt sein. Entscheidend ist, was Sie ausdrücken möchten. Vergleichen Sie:

past simple

Im **past simple** werden abgeschlossene Handlungen in der Vergangenheit ausgedrückt.

I **waited** tables in a café.
Ich **kellnerte** in einem Café.

(Ich hatte als Kellnerin einmal eine feste Anstellung.)

I **lived** in New York for five years.
Ich **wohnte** fünf Jahre in New York.

(Ich hatte dort in der Vergangenheit fünf Jahre lang meinen festen Wohnsitz, bin aber nicht mehr dort.)

… die kleinen, feinen Unterschiede

present perfect

Mit dem **present perfect** werden Handlungen in der Vergangenheit ausgedrückt, deren Ergebnisse noch heute von Bedeutung sind.

I **have worked** in a café.
Ich **habe** in einem Café **gearbeitet**.

(Irgendwann in meinem Leben habe ich dort gearbeitet. Ich habe also Erfahrung im Kellnern.)

Lassen Sie sich nicht vom deutschen Wort ‚haben' in die Irre führen! Wichtig ist allein die Frage, ob die Handlung abgeschlossen ist, oder bis in die Gegenwart reicht! Achten Sie auf Signalwörter!

I **have lived** in New York for five years.
Ich **lebe** seit fünf Jahren in New York.

(Ich bin vor fünf Jahren nach New York gezogen und lebe dort immer noch.)

Das present perfect progressive

Sie bilden das **present perfect progressive** folgendermaßen:

eine Form von be im present perfect
+
present participle

I/You/We/You/They	**have been/'ve been**	**cycling.**
He/She/It	**has been/'s been**	**cycling.**

Sie bilden das present participle, indem Sie -ing an die Grundform des Verbs anhängen

Im Deutschen wird das **present perfect progressive** oft mit dem Präsens und ‚schon' übersetzt.

Hank **has been watching** TV again all day.
Hank **schaut schon wieder** den ganzen Tag fern.

Verneinungen

have/has not + been + present participle
haven't/hasn't + been + present participle

You have not/haven't been cycling.
He has not/hasn't been cycling.

Fragen

have/has + **Subjekt** + been + present participle

Have you been cycling?
Has he been cycling?

Verneinte Fragen

haven't/hasn't + **Subjekt** + been + present participle

Haven't you been cycling?
Hasn't he been cycling?

Verneinte Fragen werden meistens in der Kurzform verwendet.

Kurzantworten

Yes, + **Subjekt** + have/has
No, + **Subjekt** + haven't/hasn't

Yes, I have.
No, he hasn't.

Gebrauch des present perfect progressive

Sie verwenden das **present perfect progressive**:

für Handlungen und Ereignisse, die **in der Vergangenheit beginnen, bis in die Gegenwart ununterbrochen andauern und weiterhin Gültigkeit besitzen**.

Die Handlungen finden weiterhin statt.

I **have been looking** after my sister's children all day.

Ich **passe** schon den ganzen Tag auf die Kinder meiner Schwester **auf**.

zur **Betonung der Dauer einer ununterbrochenen Handlung**. Die Zeitangaben erfolgen am Ende des Satzes mit **for + Zeitraum** oder **since + Zeitpunkt**.

I've **been looking forward to** this **since** I picked the children up!
Darauf **freue** ich mich seitdem ich die Kinder abgeholt habe!

Signalwörter

all day,	den ganzen Tag,
all year	das ganze Jahr,
the whole week	die ganze Woche
for	seit
since	seit
lately	in letzter Zeit
how long?	wie lange?

Die kleinen, feinen Unterschiede ...

present perfect progressive vs. present progressive

present perfect progressive

Das present perfect progressive betont die **Dauer** einer Handlung in der Vergangenheit.

Dad**'s been working** all day.
Papa arbeitet schon den ganzen Tag.

(Es wird betont, **wie lange** er schon arbeitet – bereits den ganzen Tag und jetzt immer noch.)

present progressive

Das present progressive beschreibt dagegen eine Tätigkeit, die **im Augenblick** passiert.

Dad**'s working**.
Papa arbeitet gerade.

(Es wird betont, was er **gerade im Moment** tut. Was er zuvor getan hat, spielt keine Rolle.)

present perfect vs present perfect progressive

present perfect

Das **present perfect** beschreibt **Ergebnisse in der Gegenwart**.

He **has written** 20 books so far.
Er hat bislang 20 Bücher geschrieben.

(Die Bücher sind **fertig** und das ist das **Ergebnis**.)

present perfect progressive

Das **present perfect progressive** beschreibt eine **länger andauernde Handlung**, die in der Vergangenheit begonnen hat und weiterhin andauert.

He **has been writing** a book.
Er schreibt ein Buch.

(Er schreibt seit einer Weile an einem Buch, das aber **noch nicht fertig** ist. Es gibt noch kein abgeschlossenes Ergebnis.)

11 Die Gegenwart

Wie kann ich im Englischen die Gegenwart ausdrücken?

Wozu kann ich die Zeiten der Gegenwart verwenden?

Wie **bilde** ich die Formen der Gegenwart?

ow, when?

Die Gegenwart

Im Englischen gibt es zwei Möglichkeiten, über aktuelle Ereignisse und Zustände zu sprechen:

present simple

I **wear** a costume.
Ich trage ein Kostüm.

You/we/they **wear** a costume.
Du trägst ein Kostüm.
Ihr tragt ein Kostüm.
Wir / sie tragen ein Kostüm.

He/she/it **wears** a costume.
Er / sie / es trägt ein Kostüm.

present progressive

I **am wearing** a costume.
Ich trage ein Kostüm.

You/we/they **are wearing** a costume.
Du trägst ein Kostüm.
Ihr tragt ein Kostüm.
Wir / sie tragen ein Kostüm.

He/she/it **is wearing** a costume.
Er / sie / es trägt ein Kostüm.

Es gibt zwei weitere Zeiten, die zum Teil mit der Gegenwart zu tun haben: **present perfect** und **present perfect progressive**. Sie beschreiben eine **vollendete Gegenwart**, das heißt Handlungen oder Umstände, die ihren **Ursprung** in der Vergangenheit haben und bis in die Gegenwart andauern oder noch von **Bedeutung** sind. Diese haben wir im vorhergehenden Kapitel behandelt.

Das present simple

In vielen Fällen ist der Name Programm: Ein paar Komplikationen gibt es bei der Bildung des **present simple** dennoch.

Mit **I**, **you**, **we** und **they** ist die **present simple**-Form mit der Grundform identisch.
to wear:
I wear, you wear,
we wear, they wear

Im Falle von **he**, **she**, und **it** ändert sich die **present simple**-Form durch ein -s am Ende.
to wear:
He wears, she wears,
it wears

I wear a costume.

Allerdings kann dieses **Super-s** nicht einfach überall angehängt werden!

Bei 4 Buchstabenkombinationen braucht es Unterstützung von einem **Extra-e**, um das **present simple** zu bilden.

1 watch	> e >	watches
2 wash		washes
3 miss		misses
4 mix		mixes

Bei Verben, die nach einem Konsonant auf -y enden, mutiert dieses -y zu einem -ie vor dem -s.

reply > ie > replies

Endet das Verb allerdings nach einem Vokal auf -y, wird das -s ohne weiteres angehängt.

enjoy → enjoys

Die 5 wichtigen Ausnahmen

to go:	to do:	to have:	to be:
I **go**	I **do**	I **have**	I **am**
you **go**	you **do**	you **have**	you **are**
we **go**	we **do**	we **have**	we **are**
they **go**	they **do**	they **have**	they **are**
he/she/it **goes**	he/she/it **does**	he/she/it **has**	he/she/it **is**

Modalverben wie can & must ändern sich nicht (auch nicht mit he/she/it):

I can, you can, we can, they can, he/she/it can > auf keinen Fall: ~~cans~~!

Verneinungen

Subjekt + do not/does not + Grundform

I do not/she does not wear a costume.

Unbetont werden **do not** und **does not** fast immer zu **don't** und **doesn't**.

Fragen

Do not/Doesn't + Subjekt + Grundform

Do you wear a costume? Does she wear one?

Don't you wear one? Doesn't she wear one?

Die Langform **(Do you not wear?)** ist äußerst selten.

In der Langform steht **not** erst hinter dem Subjekt!

Ausnahmen

Ausnahmen zu diesen Regeln gibt es bei den Verben to have und to be: Beide Verben stehen ohne do in Verneinungen und Fragen: Are you? You are not. Have I? I have not. Siehe Kapitel 8, 15 und 16.

Der Gebrauch des present simple

Das **present simple** wird verwendet bei:

Gewohnheiten und **regelmäßig** stattfindenden Ereignissen.

I usually **wear** my costume at the weekend.
Gewöhnlich **trage** ich mein Kostüm am Wochenende.

I **wear** my costume every Tuesday evening.
Ich **trage** mein Kostüm jeden Dienstagabend.

If I **add** more padding, the costume **looks** more convincing.
Wenn ich mehr Futter **reinmache**, **sieht** das Kostüm überzeugender aus.

I **get** nervous every time I **go** on stage.
Jedes Mal, wenn ich die Bühne betrete, **werde** ich nervös.

> **Wahrheiten**, **Tatsachen**, **Theorien**, und **Beschreibungen** von **Ursache-Wirkung-Verhältnissen**.

Es gibt einen klaren Bedeutungsunterschied zwischen einem If-Satz mit **present simple** und einem Konditionalsatz mit dem **future**.

If I **add** more padding, the costume **will look** more convincing (for tonight's show).
Wenn ich mehr Futter reinmache, sieht das Kostüm überzeugender aus (für die Show heute Abend).

If I **add** more padding, the costume **looks** more convincing (every time).
Wenn ich mehr Futter reinmache, sieht das Kostüm überzeugender aus (jedes Mal aufs Neue).

Überschriften werden oft im **present simple** verfasst, abgesehen vom Zeitpunkt des Ereignisses.
Cross-dressing star singer **disappears**! Drag-Starsänger verschwunden!

geplanten Ereignissen in naher Zukunft - immer mit Zeitangabe oder Nachfrage nach Zeitangabe.

My set **starts** in three minutes.
Mein Part **geht** in drei Minuten **los**.

I **leave** for the States next week.
Nächste Woche **gehe / fliege** ich in die Staaten.

I **am** startled!
Ich **bin** überrascht.

I **need** a quick break.
Ich **brauche** eine kurze Pause.

> **einigen Verben in bestimmten Zuständen** - unabhängig davon, ob der beschriebene Zustand nur kurzweilig oder länger anhält.

Signalwörter

always	immer
usually, generally	normalerweise, für gewöhnlich, generell
every time, whenever	jedes Mal, wenn
in… minutes/hours	in… Minuten, Stunden
next week	nächste Woche

Das present progressive

Das **present progressive** wird aus zwei Bausteinen zusammengesetzt:

Eine Form von **to be** im **present simple**.	Das **present participle** – also die Gerundform – des jeweiligen Verbs.
to be:	to wear:
I **am**, you **are**, we **are**, they **are** He/she/it **is**	**wearing**

Verneinungen

Subjekt + am/are/is not oder aren't/isn't + present participle

I am not/we are not/she is not wearing a costume.

Unbetont werden **are not** und **is not** fast immer zu **aren't** und **isn't**.

You aren't/she isn't wearing a costume.

Achtung: **am not** kann in Aussagesätzen nicht gekürzt werden!

I am not wearing a costume.

Fragen

Am/are/is + Subjekt + present participle

Weil **be** auch ein Hilfsverb ist, entfällt das Hilfsverb **do**. Die Stellung von Verb und Subjekt im Satz wird einfach umgetauscht.

Am I/are you/is he wearing a costume?

Verneinte Fragen

Aren't/Isn't + Subjekt + present participle

Aren't you wearing a costume?

Isn't it wearing a costume?

In Fragen wird die Verkürzung **aren't** ebenfalls für **am I not** verwendet.

Aren't I wearing a costume?

Die Langform von verneinten Fragen kommt nur selten zur Betonung vor:

Are you not wearing a costume?

In der Langform steht **not** erst hinter dem Subjekt!

Der Gebrauch des present progressive

Das **present progressive** wird verwendet für:

Ereignisse, die **im Moment des Sprechens** passieren.

But I **am wearing** my costume right now!
Aber ich trage mein Kostüm jetzt gerade!

He **is working** on his costume again.
Er arbeitet wieder an seinem Kostüm.

Ereignisse, die **nicht unbedingt im Moment des Sprechens**, aber **unmittelbar und zeitnah** passieren.

Sportkommentare werden oft im **present simple** abgegeben, obwohl die kommentierten Ereignisse augenblicklich passieren:

She **turns**, she **shoots**, she **scores**! Sie dreht sich, schießt und trifft das Tor!

Im Gegensatz zum **present simple** kann sich das **present progressive** auch ohne Zeitangabe auf die Zukunft beziehen. Allerdings ergeben sich dann zwei mögliche Bedeutungen.

Our neighbours **are moving** out
Unsere Nachbarn ziehen **gerade** aus.
Unsere Nachbarn ziehen aus (**bald**, **demnächst**, **irgendwann** ...)

... geplante Ereignisse in der Zukunft

What **am** I **doing** tomorrow?
I'm **saving** the world!
Was **mache** ich morgen?
Ich **rette** die Welt.

That boy **is** always **daydreaming**!
Der Junge **ist** dauernd **am Tagträumen**!

> Handlungen, die allzu oft passieren – immer mit **always**.

Signalwörter

right now	jetzt gerade
as we speak	gerade in diesem Moment
today, tomorrow	heute, morgen
in… minutes/hours	in ... Minuten, Stunden
next week	nächste Woche

Regelmäßiges ... present simple vs.

Sobald die Party beginnt, wird ins **present progressive** gewechselt:
The party **is starting** **right now**!

If I **start** growling loudly, they **stop** dressing me up.
Wenn ich anfange laut zu knurren, hören sie auf mich zu verkleiden.

What time **does** the party **start**?
Wann geht die Party los?

I don't **see** what the problem is. I **like** my costume!
Ich weiß nicht, wo das Problem liegt. Ich mag mein Kostüm.

Every time I **fall** asleep, they **put** these silly ears on me!
Immer wenn ich einschlafe, setzen sie mir diese albernen Ohren auf.

Hintergrund ...

Hier sind sich die zwei Formen sehr nah: es geht in beiden Fällen um Wiederholungen. Der Unterschied: Beim **present simple** geht es **vordergründig** um immer Wiederkehrendes, beim **present progressive** dafür um allzu oft Stattfindendes.

present progressive

Bei den aktuellen Zeitangaben **today** und **now** darf nur das **present progressive** verwendet werden.

... Aktuelles

I'm **going** to the vet's today!
Ich gehe heute zum Tierarzt.

What **are** you **looking** at? Never seen a dog in a leather jacket before?
Was schaust du so? Hast du noch nie einen Hund in einer Lederjacke gesehen?

They'**re** always **dressing** me up in silly clothes!
Sie stecken mich ständig in alberne Kostüme!

I'**m** only **wearing** this because it's Christmas!
Ich trage die nur, weil Weihnachten ist.

... Momentaufnahme

12 Die Zukunft

Welche Zukunftsformen gibt es im Englischen?

Wann verwende ich **welche** Form?

Wie wird die Zukunft im Englischen gebildet?

Im Englischen wird die Zukunft genau wie im Deutschen benutzt, um über Dinge zu sprechen, die noch nicht passiert sind. Dabei ist unwesentlich, ob diese Dinge in naher oder ferner Zukunft geschehen.

be going to

be going to + infinitive

be going to + infinitive progressive

I am going to travel tomorrow

I am going to be travelling tomorrow

Present-in-the-future

present simple

Present progressive

I travel tomorrow

I am travelling tomorrow

Der Unterschied zur Zukunft im Deutschen besteht in der großen Formenvielfalt. In vielen Fällen sind die englischen Zukunftsformen austauschbar, aber einige haben doch sehr spezifische Anwendungen.

Oft geht es zum Beispiel darum, ob etwas gewollt oder unvermeidbar ist. Ebenfalls von Bedeutung ist, ob etwas im Gange oder abgeschlossen ist, ob etwas ansteht oder schon passiert sein wird.

Future (will)

will + infinitive

will + infinitive progressive

I will travel tomorrow

I will be travelling tomorrow

Future perfect (will have)

would + infintive perfect

would + infinitive perfect progressive

I will have travelled tomorrow

I will have been travelling tomorrow

Die Bildung des going to-future

(be going to + **Grundform** eines Vollverbs)

Positive Aussage

Rein grammatikalisch, ist diese Zukunftsform nichts anderes als die Verlaufsform in der Gegenwart von **to go**.

Singular	Plural
I am going to go	we are going to go
you are going to go	you are going to go
he/she is going to go	they are going to go

In Verbindung mit Pronomen werden meist Kurzformen verwendet. Dann folgt dem Pronomen ein **Apostroph**:

I'm going to go, you're going to go, he's going to go

Negative Aussage

Bei verneinten Sätzen steht nach to be und vor dem present participle ein not going:

I am **not** going to go, you are **not** going to go, he is **not** going to go

Bei verneinten Aussagen wird oft die Kurzform benutzt.

You aren't going to go, he isn't going to go

Positive Frage

Fragen werden gebildet, indem das Verb **to be** mit dem Subjekt vertauscht wird.

Am I going to go, are you going to go, is she going to go?

Bei positiven Fragen gibt es keine Kurzformen.

Negative Frage

Bei verneinten Fragen werden fast ausnahmslos die Kurzformen verwendet:

Aren't I going to go, aren't you going to go, isn't he going to go?

Die Langform wird nur dann benutzt, wenn verneinte Fragen merkbar betont werden müssen. Allerdings ändert sich dann die Satzstellung:

Are we **not** going to go? nicht ~~**Are not we** going to go?~~

Die Bildung des going to-future progressive

(be going to + **Infinitiv-Verlaufsform** eines **Vollverbs**)

Positive Aussage

Diese Zukunftsform ist eine doppelte Verlaufsform: die Gegenwart-Verlaufsform des Verbs **to go** sowie die Infinitiv-Verlaufsform des Vollverbs:

Singular

I **am going** to be going
you **are going** to be going
he/she **am going** to be going

Plural

we **are going** to be going
you **are going** to be going
they **are going** to be going

Die Kurzformen werden hier auch sehr oft benutzt:

I'm **going to** be going
you're going to be going

Negative Aussagen, Fragen (positiv und negativ)

In allen Beugungen verhält sich diese Form des **going to-future** genau wie die einfache Version: Nur , dass an die Stelle der unveränderlichen Grundform – oder des Infinitivs – die ebenfalls unveränderliche Infinitiv-Verlaufsform tritt.

Negative Aussage:

You **are not going to go** > You **are not going to be going**
You**'re not going to go** > You**'re not going to be going**

Positive Frage:

Are you **going to go**? > **Are** you **going to be going**?

Negative Aussage:

Aren't you **going to go**? > **Aren't** you **going to be going**?
Are you **not going to go**? > **Are** you **not going to be going**?

Der Gebrauch des going to-future

Das going to-future und das going to-future progressive bilden zusammen die allgemeine Zukunftsform im Englischen - vor allem in der gesprochenen Sprache.

It's going to rain.

Meistens wird going to verwendet, um über etwas in der Zukunft zu sprechen, das einen Bezug zum Jetzt hat.

You can't go outside: it's going to rain.
Du kannst nicht rausgehen: es wird (bald) regnen.

You're going to get very wet when it rains!
Du wirst sehr nass werden, wenn es regnet.

It's going to be raining.

Dahingegen beschreibt das going to-future progressive etwas, das in der Zukunft für einen angegebenen Zeitraum anhalten wird. Oder etwas, das sowieso passieren wird oder schon geplant ist.

Take an umbrella it's going to be raining all afternoon.
Nimm einen Schirm mit, es wird den ganzen Nachmittag regnen.

I'm going to be taking a bath anyway.
"Ich wollte sowieso baden."

Man kann **going to** verwenden für: zukünftige Ereignisse und Zustände auf die man Einfluss ausüben kann – oder für solche, die man überhaupt nicht steuern kann.

It's **going to** rain.

I'm **going to take** an umbrella.

Oft bedeutet **going to**, dass Pläne bereits geschmiedet wurden. So wird über die geplante Zukunft gesprochen.

Whether it rains or not, we're **going to be playing** outside this afternoon.
Egal ob es regnet oder nicht, wir werden heute Nachmittag draußen spielen.

I've forgotten: **are** we **going to play** football this afternoon or not?
Ich habe es vergessen: werden wir heute Nachmittag Fußball spielen oder nicht?

Die Bildung des **will-future**

Die Bildung der Zukunft mit dem Hilfsverb **will** ist wirklich einfach.

Positive Aussage

Das **will-future** wird für alle Personen im Singular und im Plural mit dem Hilfsverb **will** und der Grundform des Verbs gebildet:

Singular	Plural
I **will go**	we **will go**
you **will go**	you **will go**
he/she/it **will go**	they **will go**

In Verbindung mit Pronomen werden meist Kurzformen verwendet. Dann folgt dem Prononmen ein Apostroph:

+ **ll**: I**'ll go**, you**'ll go**, she**'ll go**

Negative Aussage

Bei verneinten Sätzen steht nach **will** ein **not**:

I **will not go**, you **will not go**, he **will not go**

Bei verneinten Aussagen wird oft die Kurzform benutzt, wobei **will** mit not zu **won't** kombiniert wird:

I **won't go**, you **won't go**, he **won't go**…

Die Vollform **will not** wird nur für besondere Betonung verwendet:

We **will not go**, you **will not go**, they **will not go**

Positive Frage

Fragen im **will-future** werden gebildet, indem das Hilfsverb **will** mit dem Subjekt vertauscht wird.

Will I **go**? **Will** you **go**? **Will** she **go**?

Bei positiven Fragen gibt es keine Kurzformen.

Negative Frage

Bei verneinten Fragen wird fast ausnahmslos die Kurzform **won't** verwendet:

Won't I **go**? **Won't** you **go**? **Won't** he **go**?

Die Langform wird nur dann benutzt, wenn verneinte Fragen deutlich betont werden müssen. Allerdings ändert sich dann die Satzstellung:

Will they **not go**? nicht ~~**Would not they go?**~~

Die Bildung des **will-future progressive**

Auch diese Zukunftsform mit dem Hilfsverb **will** ist einfach.

Positive Aussage

Das **will-future progressive** wird für alle Personen im Singular und im Plural mit dem Hilfsverb **will** und der **Infinitiv-Verlaufsform** statt der **Grundform** des Verbs gebildet:

Singular	Plural
I **will be going**	we **will be going**
you **will be going**	you **will be going**
he/she/it **will be going**	they **will be going**

Auch in dieser Variante wird die Kurzform von **will** sehr oft benutzt:

I**'ll be going**
you**'ll be going**

Negative Aussagen, Fragen (positiv und negativ)

In allen Beugungen verhält sich diese Form des **will-future** genau wie die einfache Version: Nur anstelle der unveränderlichen **Grundform** tritt die ebenfalls unveränderliche **Infinitiv-Verlaufsform**.

Negative Aussage:

You **will not go** > You **will not be going**
You**'ll not go** > You**'ll not be going**

Positive Frage:

Will you **go**? > **Will** you **be going**?

Negative Aussage:

Won't you **go**? > **Won't** you **be going**?
Will you **not go**? > **Will** you **not be going**?

Der Gebrauch des will-future

Das **will-future** und **will-future progressive** werden in der Schriftsprache als allgemeine Zukunftsform und beim Sprechen in verschiedenen Fällen verwendet.

I'll do it tomorrow.

Die Zukunft mit **will** wird verwendet, wenn etwas in der Zukunft als sicher gilt. Ein Bezug zur Gegenwart ist dabei unwesentlich.

Sunrise **will be** at 7:03 tomorrow.
Sonnenaufgang ist morgen um 7.03 Uhr.

By 2050, polar bears **will have** no ice left.
Bis 2050 wird es kein Eis mehr für Eisbären geben.

I'll be doing it tomorrow.

Dahingegen beschreibt die Form **will + ing** etwas, das zu einem gegebenen Zeitpunkt mit großer Sicherheit im Gange, aber noch nicht abgeschlossen, sein wird. Darüber hinaus kann sie verwendet werden, um zu betonen, dass ein Ereignis sowieso passieren wird, also nicht extra geplant werden muss.

This time next week, we**'ll be dining** at the Ritz!
Nächste Woche um diese Uhrzeit werden wir im Ritz dinieren.

We**'ll be seeing** him for dinner at the Ritz tomorrow anyway, so we**'ll ask** him then.

Die Zukunft mit **will** wird üblicherweise in Konditionalsätzen verwendet, wenn das Hauptverb in der Gegenwart steht, also wenn es sich um eine reale Bedingung handelt.

If you buy this car today, I **will give** you a discount.

Yes, I'**ll ask** her now!

"**Will** you **marry** me?"

"Yes, I **will**!"

Die Zukunft mit **will** wird auch benutzt, um Ergebnisse laufender Planung festzuhalten und spontane, kurzfristig oder eben gerade getroffene Entscheidungen zu formulieren.

Sätze mit **will** in der Ich-Form können auch Wünschen, Vorsätzen, oder Weigerungen bezüglich der Zukunft (und der Gegenwart) Nachdruck verleihen. Manchmal wird **wìll** dabei beim Sprechen betont.

"I **will** never **marry** you!"
„Ich werde dich nie heiraten!"

"I **won't tolerate** being overcharged for this taxi!"
„Ich werde es nicht hinnehmen, für dieses Taxi zu viel bezahlt zu haben."

Das present simple in der Zukunft

Das **present simple** kann für Ereignisse in der Zukunft verwendet werden, wenn es um einen fest geplanten Zeitpunkt geht.

My train **leaves** at eleven o'clock on the dot.
Mein Zug fährt um Punkt 11 Uhr ab.

Voraussetzungen für das **present simple** in der Zukunft:

- Es handelt sich um einen geplanten Termin.
- Der Termin kann nicht ohne weiteres geändert werden.
- Ein genauer Zeitpunkt oder Zeitrahmen wird genannt.

Typischerweise handelt es sich um: einen Fahrtantritt, eine Abreise, einen Semesterbeginn oder -ende, den ersten oder letzten Tag an / auf einer Stelle, sowie kommende Ereignisse wie Wahlen, Sportwettbewerbe, Hochzeiten oder ähnliches.

Folgender Satz zeigt, wie genau der angegebene Zeitpunkt für die Verwendung des **present simple** statt einer anderen Zukunftsform – z. B. mit **will** – sein muss:

The next World Cup **starts** on 15th June, and the one after that **will be** in 2018.
Die nächste Weltmeisterschaft beginnt am 15. Juni und die danach wird 2018 stattfinden.

Das present progressive in der Zukunft

Das present progressive wird auch sehr oft für geplante Ereignisse in der Zukunft verwendet.

Oh no! We're flying to China tomorrow!
Oh nein, wir fliegen morgen nach China!

Voraussetzungen für das **present progressive** in der Zukunft.

- Es handelt sich um einen geplanten Termin.
- Die Planung erfolgte schon vor dem jetzigen Zeitpunkt.

Im Gegensatz zum **present simple** in der Zukunft, ist eine Zeitangabe für das **present progressive** in der Zukunft nicht zwingend notwendig – aber sie ist oft dabei, weil es sonst unklar sein kann, ob es sich um die Gegenwart oder die Zukunft handelt.

We're flying to China > Wir sitzen gerade im Flieger nach China (Gegenwart)
Wir fliegen demnächst nach China (Zukunft)

Klassischerweise wird das **present progressive** in der Zukunft bei Terminbesprechungen verwendet, da es sich gut eignet, um schon geplante Termine zu beschreiben:

No, we can't make Thursday 24th because **we're leaving** for the coast the day before.

Zukünftige Zustände oder längere Zeitrahmen können aber nicht mit dem **present progressive** beschrieben werden.

We're returning on Monday 28th and **are**/**will be** available that evening.

Die Bildung des **future perfect**

Die Bildung des **future perfect** ist einfach.
Zum **Perfect tense** kommt nur noch **will** dazu.

Positive Aussage

Das **future perfect** wird für alle Personen im Singular und im Plural mit dem Hilfsverb **will** und dem **Perfekt-Infinitiv** des Verbs gebildet:

Singular	Plural
I **will have gone**	we **will have gone**
you **will have gone**	you **will have gone**
he/she/it **will have gone**	they **will have gone**

In Verbindung mit Pronomen werden meist Kurzformen verwendet.

+ ll: I'**ll** have gone, you'**ll** have gone, she'**ll** have gone

Negative Aussage

Bei verneinten Sätzen steht nach **will** ein **not**:

I **will** **not** **have gone**, you **will** **not** **have gone**, he **will** **not** **have gone**

Bei verneinten Aussagen wird oft die Kurzform benutzt:

I **won't have gone**, you **won't have gone**, he **won't have gone**

Die Vollform **will not** wird nur für besondere Betonung verwendet:

We **will** **not** **have gone**, you **will** **not** **have gone**

Positive Frage

Fragen im **future perfect** werden gebildet, indem das Hilfsverb **will** mit dem Subjekt vertauscht wird.

Will I **have gone**? **Will** you **have gone**? **Will** she **have gone**?

Bei positiven Fragen gibt es keine Kurzformen.

Negative Frage

Bei verneinten Fragen wird fast ausnahmslos die Kurzform **won't** verwendet:

Won't I **have gone**? **Won't** you **have gone**? **Won't** he **have gone**?

Die Langform wird nur dann benutzt, wenn verneinte Fragen deutlich betont werden müssen. Allerdings ändert sich dann die Satzstellung:

Will they **not** **have gone**? nicht ~~**Would not they** have gone?~~

Die Bildung des future perfect progressive

Das future perfect progressive besteht aus dem Hilfsverb will mit der **Verlaufsform des Perfekt-Infinitivs**.

Positive Aussage

Das future perfect progressive wird für alle Personen im Singular und im Plural mit dem Hilfsverb will und der Verlaufsform des Perfekt-Infinitivs anstelle der Perfekt-Infinitiv-Form gebildet:

Singular

I will have been going
you will have been going
he/she/it will have been going

Plural

we will have been going
you will have been going
they will have been going

Auch in dieser Variante wird die Kurzform von will sehr oft benutzt:

I'll have been going
you'll have been going

Negative Aussagen, Fragen (positiv und negativ)

In allen Beugungen verhält sich diese Form des **future perfects** genau wie die einfache Version: Nur anstelle der unveränderlichen Perfekt-Infinitiv-Form, tritt die ebenfalls unveränderliche Perfekt-Infinitiv-Verlaufsform.

Negative Aussage:

You will **not** have gone › You will **not** have been going
You'll **not** have gone › You'll **not** have been going

Positive Frage:

Will you have gone? › Will you have been going?

Negative Aussage:

Won't you have gone? › Won't you have been going?
Will you **not** have gone? › Will you **not** have been going?

Der Gebrauch des future perfect

Das **future perfect** und **future perfect progressive** decken zusammen einen klar definierten Bereich der Zukunft ab: das, was schon passiert sein wird.

I'll have done it by tomorrow.

Die **einfache Form** wird verwendet für Ereignisse, die zu einem gegebenen Zeitpunkt in der Zukunft schon passiert sein werden oder für Zustände, die sich bis dahin geändert haben werden.

The ship **will have sailed** by morning.
Bis zum Morgen wird das Schiff abgelegt haben.

Surely the cement **will have set** by now...
Sicherlich wird der Zement inzwischen fest geworden sein ...

I'll have been doing it since Monday.

Die **Verlaufsform** wird hingegen für Ereignisse verwendet, die zu einem gegebenen Zeitpunkt immer noch in Gange sein werden oder für Zustände, die dann immer noch andauern werden.

At 8 o' clock, I**'ll have been waiting** more than two hours for my dinner!
Um 20 Uhr werde seit mehr als 2 Stunden auf mein Essen gewartet haben!

Zukunftsformen für Vermutungen in der Gegenwart

Zusammen mit dem **will-future** und dem **will-future progressive** werden sowohl die **einfache Form** als auch die **Verlaufsform** für Vermutungen verwendet, die das Hier und Jetzt betreffen.

Oft geht der Sprecher von einem Ereignis oder Zustand aus. Die Tatsache, ob das Angenommene noch andauern oder schon abgeschlossen sein wird, entscheidet über die **will-** oder **will have-**Formen.

ABGESCHLOSSEN

The old boy**'ll be** 90 by now!
Der alte Junge wird ab jetzt / ab heute 90 sein!

He**'ll have had** his 90th birthday by now!
Er wird inzwischen seinen 90. Geburtstag gefeiert haben!

ANDAUERND

They**'ll** probably **be sitting** in a traffic jam.

They**'ll have been sitting** in that traffic jam for hours now.

Will-future vs.

The sun **will rise** again tomorrow.
Die Sonne wird morgen wieder aufgehen.

Dass die Sonne immer wieder aufgehen wird, kann man nicht beeinflussen: Ebenso wenig die Tatsache, dass Lebewesen irgendwann sterben. Daher ist **will** hier üblicher (**going to** wäre aber nicht falsch).

Will she **die** one day?
Wird sie eines Tages sterben?

Hier sieht man, wie sowohl **will** als auch **going to** für dieselben Zwecke verwendet werden können – nur mit anderer Betonung.

I **will tidy** that desk – at some point.
Ich werde diesen Schreibtisch irgendwann einmal aufräumen.

Ich habe schon vor, den Schreibtisch aufzuräumen, nur überhaupt keine konkreten Pläne wann.

I think I'**ll tidy** that desk now.
Ich denke, ich werde diesen Schreibtisch jetzt aufräumen.

Ich tue es jetzt wirklich.

Hier ist ein ganz klarer Bedeutungsunterschied:

Don't touch that vase, else it **will fall**!

Lass die Finger von der Vase, sonst fällt sie um (und du wirst daran schuld sein).

Going to-future

In einem konkreten Fall, wenn es darum geht, was gleich passieren wird, ist **going to** gebräuchlicher (obwohl hier **will** auch korrekt wäre).

The sun is **going to rise** in two minutes.
Die Sonne wird in zwei Minuten aufgehen.

So you mean she's not **going to die**?
Sie meinen also, sie wird nicht sterben?

Auch hier wird **going to** benutzt, weil es um die unmittelbare Zukunft geht. In diesem Fall wäre aber **will** ganz klar fehl am Platz: Denn jeder wird sterben – **She won't die?** wäre daher eine Frage nach der Unsterblichkeit.

I **am going to tidy** my desk, but not today.
Ich werde meinen Schreibtisch aufräumen, aber nicht heute.

Ich habe auf dem Schirm, ihn aufzuräumen und werde es demnächst tun – nur nicht heute.

I **am going to tidy** my desk right now.
Ich werde meinen Schreibtisch gleich jetzt aufräumen.

Es steht (und stand wahrscheinlich auch früher) fest, dass ich das jetzt in Angriff nehme.

Don't touch that vase: it **is going to fall**!

Lass die Finger weg: sie wird gleich umfallen (egal, was du oder ich jetzt tun).

Will-future vs.

Das **einfache will-future** beschreibt Ereignisse oder Zustände, die in der Zukunft auf andere folgen werden.

We **will eat** when you arrive.
Wir werden essen, wenn du ankommst.

Zeitformulierungen mit **by** – also **bis** morgen, **um** diese Zeit nächstes Jahr – sind charakteristisch für die **Verlaufsform**. In der Zukunft ist die **einfache Form** mit by grundsätzlich unmöglich: Nur das Vollverb **to be** bleibt in solchen Formulierungen im einfachen **will-future**. Wenn **to be** aber als Hilfsverb agiert – wie im Passiv (siehe Kapitel 8) – muss es dann auch im **will-future progressive** konjugiert werden.

by now, by tomorrow, by this time tomorrow…

They **will be** there **by now**.
~~They will eat **by now**.~~
~~They will leave by now.~~
~~They will be helped by now.~~

In Formulierungen mit **by** kommt oft das **future perfect** vor.

Dies ist ein Vorhaben: Damit wird lediglich zum Ausdruck gebracht, dass man vorhat, sich nächste Woche um die Angelegenheit zu kümmern.

I **will** do that next week.
Ich werde das nächste Woche tun.

Will-future progressive

We **will be eating** when you arrive.
Wir werden gerade essen, wenn Du kommst.

Die **will-future Verlaufsform** beschreibt Ereignisse, die zu einer bestimmten Zeit im Gange sind beziehungsweise Zustände, die dann gegeben sein werden.

…by next month, by this time next year, by 2020

~~They will be being there **by now**.~~
They **will be eating** by now.
They **will be leaving** by now.
They **will be being helped** by now.

I'll **be doing that** next week…

- when you come round.
- so there's no need for you to look at it now.
- so don't worry about it.

So drückt man aus, dass man etwas zu einem bestimmten Zeitpunkt gerade machen wird oder, dass man vorhat, sich um eine Angelegenheit zu kümmern.

Will-future vs.

Das **einfache will-future** beschreibt Ereignisse oder Zustände, die in der Zukunft auf andere Folgen werden.

We **will eat** when you arrive.
Wir werden essen, wennd ankommst.

Mit Zeitformulierungen mit **by** in der Zukunft – also **bis** morgen, **um** diese Zeit nächstes Jahr – ist d e **einfache Form** grundsätzlich unmöglich. Eine andere Zukunftsform wie das **future perfect** muss verwendet werden. Nur das Vollverb **to be** bleibt in solchen Formulierungen im einfachen **will-future**. Wenn **to be** aber a s Hilfsverb agiert – wie im Passiv (siehe Kapitel 8) – muss es dann auch im **future perfect** konjugiert werden.

by now, by tomorrow, by this time tomorrow…

They **will be** there **by now**.
~~They will eat **by now**.~~
~~They will leave by now.~~
~~They will be helped by now.~~

In Formulierungen mit **by** kommt oft das **will-future progressive** vor.

You **will do** that next week, is that clear?
Du wirst das nächste Woche erledigen, ist das klar?

Bei diesem Befehl wird man dazu angehalten, sich in der kommenden Woche um eine Angelegenheit zu kümmern.

Future perfect

We **will have eaten** when you arrive.
Wir werden gegessen haben, wenn du kommst.

Das **future perfect** beschreibt Ereignisse oder Zustände, die schon passiert sind oder gegeben sein werden.

...by next month, by this time next year, by 2020

~~They will have been there **by now**.~~
They **will have eaten by now**.
They **will have left by now**.
They **will have been helped by now**.

You **will have done** that by next week, is that clear?
Du wirst das bis nächste Woche erledigt haben, ist das klar?

Bei diesem Befehl muss man sich schon bis nächste Woche um die Angelegenheit gekümmert haben! Sie muss bereits zu dem Zeitpunkt erledigt sein, an dem die Angelegenheit bzw. Aufgabe des anderen Befehls erst begonnen werden soll.

Future perfect vs.

We will have eaten when you arrive.
Wir werden gegessen haben, wenn du kommst.

Das **future perfect** beschreibt Ereignisse oder Zustände, die schon passiert sind oder gegeben sein werden. Ereignisse im **future perfect** sind aber immer abgeschlossen und ändern sich nicht mehr.

Das Vollverb **to be** muss im einfachen **future perfect** bleiben. Aber als Hilfsverb – wie im Passiv (siehe Kapitel 8) – kann dann auch im **future perfect progressive** konjugiert werden.

We **will have finished eating** when you arrive (so you**'ll have to eat** beforehand).

Wir **werden gegessen haben** wenn du ankommst (weshalb du vorher essen sollst).

They **will have been** there for an hour.
They **will have walked** for an hour.
They **will have been** helped for an hour.

= wird gewesen sein, wird fertig gemacht worden sein, wird vorbei sein, wird schon passiert sein

You **will have done** that by next week.
Du wirst das bis nächste Woche geschafft haben.

Hier geht man davon aus, dass die Wand bis nächste Woche fertig gestrichen sein wird.

Future perfect progressive

We will have been eating when you arrive.
Wir werden am Essen gewesen sein, wenn du kommst.

Das **future perfect progressive** beschreibt Ereignisse, die schon stattfinden bzw. Zustände, sich gerade entwickeln.

We will have been eating for six hours when you arrive – and we will keep eating!

Wir werden schon sechs Stunden am Essen gewesen sein wenn du ankommst – und werden weiteressen!

~~They will have been being there **for an hour by now.**~~
They will have been walking **for an hour by now.**
They will have been being helped **for an hour by now.**

= wird gerade sein, wird am Entstehen sein, wird dabei sein zu passieren.

You will have been doing that for a week by next week!
Nächste Woche wirst du das nun schon seit einer Woche machen!

Hier ist man erstaunt, dass sie schon eine Woche an der Wand gemalt hat, aber dass das Ende immer noch nicht in Sicht ist...

SHALL

Die Zukunft wird auch teilweise mit **shall** ausgedrückt. Dabei kommt es an der Stelle von **will** hauptsächlich in drei Fällen vor.

1
In Befehlen, die nicht nur die Gegenwart, sondern auch die Zukunft betreffen:
You shall not steal!

2
In Fragen, ob man selber gleich etwas unternehmen soll:
Shall I get us a drink?
Shall we say cheers?

3
In festen Redewendungen oder in älteren Texten:
We shall see.
You shall go to the ball!

In diesem Fall wäre **will** eine reine Vorhersage (du wirst schon nicht stehlen). **Must** würde bedeuten, man darf nicht stehlen (jetzt gerade): daher **shall** – wie in der deutschen Bibel mit ‚sollen'.
‚Du sollst nicht stehlen!'

In Angeboten, die man selber macht, drückt **shall** den Willen aus, etwas zu unternehmen. Die Fragen: **Will** I get us a drink? **Will** we say cheers? würden hingegen bedeuten, dass man eben nicht weiß, ob das Vorgeschlagene auch passieren wird.

Shall we say cheers?	Wollen wir anstoßen?
Will we say cheers?	Werden wir anstoßen?

In vielen Fällen – vor allem Aussagesätzen in der Zukunft – sind **will** und **shall** ohne Bedeutungsunterschied austauschbar. Allerdings ist **shall** außerhalb von Redewendungen eher gehoben.

Manchmal geht es wirklich nur mit **will**: vor allem, wenn man nicht konkret über eine Handlung in der Zukunft spricht, sondern generell um Allgemeingültiges oder Sachen, die so bleiben werden.
Boys will be boys. – Jungen werden sich immer wie Jungen benehmen.

Die Zukunft in Neben- und Konditionalsätzen

Oft führen feste Regeln dazu, dass das present simple und das present progressive in Sätzen neben Zukunftsformen verwendet werden.
In vielen Fällen wird auch im Deutschen in solchen Konstruktionen eine Gegenwartsform verwendet.

We will eat when you arrive.
Wir werden essen, wenn du ankommst.
You will arrive. We will eat.

Auf **when** oder **as** in der Zukunft folgen immer present simple oder present progressive.

If we are eating when you arrive, you will have to knock loudly.
Falls wir gerade essen, wenn du ankommst, musst du laut klopfen.
We will be eating. You will arrive. You will have to knock.

Eine Hypothese mit **if** in der Zukunft wird meist mit dem present progressive aufgestellt. Nur das Vollverb **to be** ist dann im present simple: If we aren't there, you will have to wait.
Es kann hier auch das going to-future nach if benutzt werden. Es besteht aus dem present progressive von to go plus Verb: If we aren't going to be there, we will let you know.
> Siehe **Zukunft in der Vergangenheit**.

If we have eaten when you arrive, you will have to eat leftovers.
Falls wir schon gegessen haben werden, wenn du ankommst, wirst du die Reste essen müssen.
We will have eaten. You will arrive. You will have to eat.

Wenn eine Hypothese mit **if** in der Zukunft auf Abgeschlossenem aufgebaut wird, kommt das present perfect zum Einsatz.
Modalverben bleiben in der Gegenwart, egal ob sie Teil der Hypothese oder der zukünftigen Folge sind:
If we have eaten when you arrive, you can eat leftovers.
If we can save you some food, we will.

If I offer you a discount, will you buy this car?
Wenn ich Ihnen einen Rabatt anbiete, kaufen Sie dann dieses Auto?
I will offer. You will buy.

Die Zukunft in der Vergangenheit

Ereignisse, die in der Vergangenheit noch nicht passiert und Zustände, die noch nicht eingetreten sind, werden mit Vergangenheitsformen beschrieben, denen eine Zukunftsbedeutung beigemessen wird.

It is clear that…
I **will win** this game!
I **will be winning** soon.
I **am going to win** this game!
I **am going to be winning** soon.

I think that…
I **will win** this game!
I **will be winning** soon.
I **am going to win** this game!
I **am going to be winning** soon.
I **will have won** this game by 9:00.

Generell gilt für die Zukunft in der Vergangenheit, dass aus einem **will** ein **would** und aus einem **am/are/is going** ein **was/were going to** wird. Die Zukunft in der Vergangenheit mit **would** setzt allerdings voraus, dass das Ereignis oder der Zustand erst später passiert bzw. eintritt. Ist dies nicht der Fall oder ist es in der Erzählung noch nicht klar, dürfen nur Formen mit **was/were going to** verwendet werden. Durch die Verwendung des **past progressive** wird jedoch klar, dass es doch am Ende anders kam.

It was clear that…

I **would win** that game!

I **would be winning** soon.

I **was going to win** that game!

I **was going to be winning** soon.

Bei Sätzen mit **was/were going to** und **was/were going to be** kann erst aus dem Kontext heraus geschlossen werden, ob alles so ablief, wie vorausgesagt, oder eben anders.

Es kam **doch anders!**

I thought that…

I **was going to win** that game (but I didn't).

I was going to have won that game by 9:00 (but I hadn't).

I was winning that game, (but I wasn't).

13 Der Konditional

Was ist der Konditional?

Was **drücke ich** damit **aus**?

Wie bilde ich den Konditional?

I wish
I could fly...

Im Englischen wird der Konditional **conditional** benutzt, um über Dinge zu sprechen, die möglich oder theoretisch möglich sind. Voraussetzung dabei: Diese sind noch nicht - oder damals nicht - passiert.

Conditional
would + infinitive

I would leave tomorrow

Conditional progressive
would + present progressive

I would be leaving tomorrow

Es gibt **4** Formen, für die zwei Sachen maßgeblich sind:
handelt es sich um etwas, was passieren würde oder eher passiert wäre?
Und handelt es sich dabei um eine Verlaufsform?

Conditional perfect
would + present perfect

I would have left tomorrow

Conditional
would + present perfect progressive

I would have been leaving tomorrow

Ich würde den **conditional** verwenden, wenn ...

I would come with you...

Ich käme mit dir ...

Maßgeblich beim **conditional** ist, dass ein Would-Satz immer von einem **if-Satz** oder einem **but-Satz** begleitet werden kann – auch wenn dieser nicht dabei steht!

Manchmal kann die An- oder Abwesenheit der Bedingung einen Bedeutungsunterschied hervorrufen:

I would love to come.

Ich komme sehr gern.

I would love to come, but I won't be in town that week!

Ich würde sehr gern kommen, bin aber die Woche nicht in der Stadt.

... es um eine Bedingung ginge!
Oder wenn es sich um etwas Theoretisches, Unwahrscheinliches, Unmögliches handeln würde.
Oder wenn man von einem Hindernis sprechen würde.

...if you made me!
...if you forced me to!
(Bedingung)

...if you asked me.
...if you were to ask me.
(Theorie, Unwahrscheinlichkeit, Unmöglichkeit)

...but your car scares me.
...if your car looked better.
(Hindernis)

Der **conditional** wird auch als Höflichkeitsformel verwendet, oft mit Verstärkern wie **please** oder **ever**:
Would you please put the gun down? Would you ever drop the dynamite? Thanks!
Könnten Sie bitte die Pistole runternehmen? Könnten Sie bitte das Dynamit weglegen? Danke!

Mit dem Hilfsverb **would** kann man auch eine einfache und durchaus nützliche Form für wiederholte Handlungen in der Vergangenheit (**used to** lässt grüßen) bilden:
We would clean the old VW Beatle every Saturday afternoon before tea.
Wir waschen den alten VW Käfer jeden Samstagnachmittag vor dem Tee.

Bildung

Die Bildung des **conditional** mit **would** ist genauso einfach, wie die des Futurs mit will.

Positive Aussage

Das **would-conditional** wird für alle Personen im Singular und im Plural mit dem Hilfsverb **would** und der Grundform des Verbs gebildet:

Singular	Plural
I **would** come	we **would** come
you **would** come	you **would** come
he/she/it **would** come	they **would** come

In Verbindung mit Pronomen werden meist Kurzformen verwendet. Dann folgt dem Prononmen ein **Apostroph**:

+ **d**: I'**d** come, you'**d** come, she'**d** come…

Negative Aussage

Bei verneinten Sätzen steht nach **would** ein **not**:

Singular	Plural
I **would not** come	we **would not** come
you **would not** come	you **would not** come
he/she **would not** come	they **would not** come

Bei verneinten Aussagen wird oft die Kurzform verwendet, wobei **would** mit **not** zu **wouldn't** kombiniert wird:

I **wouldn't** come, you **wouldn't** come, he **wouldn't** come …

Im gehobenen Sprachgebrauch werden **would-Sätze** mit der alten Konjunktivform I were statt mit I was gepaart.

If I **were** you, I **would** take the money and run!
Wenn ich du wäre, würde ich das Geld nehmen und wegrennen!

In der Umgangssprache bzw. dem allgemeinen Sprachgebrauch wird aber **was** verwendet. Für alle anderen Verben ist die Konjunktivform ohnehin identisch mit der üblichen Vergangenheitsform.

Positive Frage

Fragen im **would-conditional** werden gebildet, indem das Hilfsverb **would** mit dem Subjekt vertauscht wird. Es steht dann vor dem Subjekt. Bei Ja-/Nein-Fragen steht das Hilfsverb immer ganz am Anfang des Satzes:

Singular	Plural
Would I come?	**Would** we come?
Would you come?	**Would** you come?
Would he/she come?	**Would** they come?

Bei positiven Fragen gibt es keine Kurzformen.

Negative Frage

Bei verneinten Fragen wird fast ausnahmslos die Kurzform **wouldn't** verwendet:

Singular	Plural
Wouldn't I come?	**Wouldn't** we come?
Wouldn't you come?	**Wouldn't** you come?
Wouldn't he/she come?	**Wouldn't** they come?

Die Langform wird nur dann verwendet, wenn verneinte Fragen merkbar betont werden müssen. Allerdings ändert sich dann die Satzstellung:

Would he **not** come? nicht ~~**Would not he come?**~~

Ich wäre dann dabei, den **conditional progressive** zu verwenden, wenn...

I would be sipping cocktails by now...

Ich würde jetzt Cocktails schlürfen ...

Sowohl beim **conditional progressive** als auch beim einfachen **conditional** wird **would** in vielen Kontexten durch **could** ersetzt.

Vor allem wenn es eher darum geht, was man in einer bestimmten Situation machen **könnte** oder **möchte**, als darum, was man machen **würde**:

I could come with you if I wanted to.
Ich könnte mit dir kommen, wenn ich wollte.

I could be sipping cocktails by now, but the pilot overslept!
Ich könnte gerade Cocktails schlürfen, aber der Pilot hat verschlafen!

... nur dies, das und jenes nicht passiert wäre!
Und wenn nur nicht alles so schwierig wäre!
Es geht um Nicht-Eingetretenes aufgrund
eingetretener Ereignisse oder Zustände.

...if the pilot hadn't overslept.
... wenn der Pilot nicht verschlafen hätte.
(eingetretenes Ereignis)

...if flights weren't so expensive.
... wenn die Flüge nicht so teuer wären.
(eingetretene Zustände)

...if it weren't for Eyjafjallajökull!
Wenn Eyjafjallajökull nicht gewesen wäre!
(eingetretenes Ereignis mit Zuständen)

Der **conditional progressive** wird (wie sein einfacher Vetter der **conditional**) gern für **future-in-the-past** verwendet, also für Handlungen, die in der Vergangenheit noch in der Zukunft lagen:
Little did I know that he **would propose** next week!
Ich konnte nicht ahnen, dass er mir in der nächsten Woche einen Heiratsantrag machen würde.
I had no way of knowing that I **would not be sipping** cocktails this time next week.
Ich konnte nicht wissen, dass ich nächste Woche um diese Zeit keine Cocktails schlürfen würde.

Bildung

Um den **conditional progressive** zu bilden, nimmt man **would** und die Grund-Verlaufsform, also **be +ing**.

Positive Aussage

Das **conditional progressive** wird für alle Personen im Singular und im Plural mit dem Hilfsverb **would** und der Grund-Verlaufsform des Verbes gebildet:

Singular	Plural
I **would be** drinking	we **would be** drinking
you **would be** drinking	you **would be** drinking
he/she **would be** drinking	they **would be** drinking

Prononmen ein**Apostroph**:

+ **d**: I'**d** be drinking, you'**d** be drinking, he'**d** be drinking…

Negative Aussage

Bei verneinten Sätzen steht nach **would** ein **not**:

Singular	Plural
I **would not be** drinking	we **would not be** drinking
you **would not be** drinking	you **would not be** drinking
it **would not be** drinking	they **would not be** drinking

Bei verneinten Aussagen wird oft die Kurzform verwendet, wobei **would** mit **not** zu **wouldn't** kombiniert wird:

I **wouldn't** be drinking, you **wouldn't** be drinking, she **wouldn't** drink …

Sowohl beim conditional progressive als auch beim einfachen conditional kann would gegen might ausgetauscht werden, wenn eine Möglichkeit noch vager ist als sonst oder noch weitere Dinge passieren müssten, damit sie überhaupt eintritt:

I might come with you if you asked very nicely.
Ich würde vielleicht mit dir kommen, wenn du sehr nett fragen würdest.

I might be sipping cocktails by now, if only the pilot hadn't overslept!
Ich würde gerade Cocktails schlüfen, wenn der Pilot doch bloß nicht verschlafen hätte!

Positive Frage

Fragen im **conditional progressive** werden gebildet, indem das Hilfsverb **would** mit dem Subjekt vertauscht wird. Es steht dann vor dem Subjekt. Bei Ja-/Nein-Fragen steht das Hilfsverb immer ganz am Anfang des Satzes:

Singular	Plural
Would I **be** drinking?	**Would** we **be** drinking?
Would you **be** drinking?	**Would** you **be** drinking?
Would he **be** drinking?	**Would** they **be** drinking?

Bei positiven Fragen gibt es keine Kurzformen.

Negative Frage

Bei verneinten Fragen wird fast ausnahmslos die Kurzform **wouldn't** verwendet:

Singular	Plural
Wouldn't I **be** drinking?	**Wouldn't** we **be** drinking?
Wouldn't you **be** drinking?	**Wouldn't** you **be** drinking?
Wouldn't she **be** drinking?	**Wouldn't** they **be** drinking?

Die Langform wird nur dann verwendet, wenn verneinte Fragen merkbar betont werden müssen. Allerdings ändert sich dann die Satzstellung:

Would he **not** be drinking? nicht ~~**Would not he** be drinking?~~

Ich hätte den **conditional perfect** verwendet, wenn ...

I would have left with you...

Ich wäre mit dir gegangen ...

Maßgeblich beim **conditional perfect** ist, dass ein Would-Satz grundsätzlich von einem **if-Satz** oder einem **but-Satz** begleitet werden kann, auch wenn dieser nicht dabei ist!

Die **If-Sätze** stehen dabei immer im **past perfect**:
If I **had done/made/seen** something, I **would have come/gone/stayed**.

If you had told me about it, I would have come.
Hättest du mir was davon gesagt, wäre ich gekommen.

I would have loved to come, but I couldn't make it.
Ich wäre so gern gekommen, aber ich habe es nicht geschafft.

... es damals eine Bedingung gewesen wäre!
Oder, wenn es sich um etwas Theoretisches oder Unmögliches gehandelt hätte oder es um ein Hindernis gegangen wäre.

...if you hadn't tried to force me to!
... wenn du nicht versucht hättest, mich dazu zu zwingen!
(damalige Bedingung)

...if you had asked me.(But you didn't!)
... wenn du mich gefragt hättest. (Du hast es aber nicht!)
(Theoretisches/Unmögliches aus der Vergangenheit)

...but your car was far too damaged.
... aber dein Auto war viel zu kaputt.
(damaliges Hindernis)

Im Deutschen verhält es sich anders als im Englischen. Man benutzt den Konjunktiv immer zweimal: Ich **hätte angerufen**, wenn ich **gewusst hätte**. Im korrekten englischen Sprachgebrauch steht der **if-Satz** ja immer im **past perfect**, der andere Satz dann immer im **conditional perfect**. Allerdings hört man im amerikanischen Englisch sehr oft eine dem Deutschen ähnliche Konstruktion: If I would have known, I woud have called. Dies ist dort jedoch nur in der gesprochenen, nicht in der geschriebenen Sprache akzeptabel. Korrekt kann es nur heißen: If I had known, I would have called.

Bildung

Die Bildung des **conditional perfect** ist einfach, wenn man das **perfect tense** kennt (und das tut man noch, oder?). Dazu kommt nämlich nur noch **would**.

Positive Aussage

Das **conditional perfect** wird für alle Personen im Singular und im Plural mit dem Hilfsverb **would** und der Perfekt-Form des Verbs gebildet:

Singular	Plural
I **would have left**	we **would have left**
you **would have left**	you **would have left**
he/she/it **would have left**	they **would have left**

In Verbindung mit Pronomen werden meist Kurzformen verwendet. Dann folgt dem Prononmen ein **Apostroph**:

+ **d**: I'**d** have left, you'**d** have left, she'**d** have left…

Negative Aussage

Bei verneinten Sätzen steht nach **would** ein **not**:

Singular	Plural
I **would not have left**	we **would not have left**
you **would not have left**	you **would not have left**
he **would not have left**	they **would not have left**

Bei verneinten Aussagen wird oft die Kurzform verwendet, wobei **would** mit **not** zu **wouldn't** kombiniert wird:

I **wouldn't** have left, you **wouldn't** have left, he **wouldn't** have left…

Wie beim **conditional progressive** und **conditional**, kann **would** mal durch **could** oder **might** ersetzt werden, wenn es darum geht, was man hätte machen können bzw. wenn etwas wirklich sehr unwahrscheinlich war und nicht passiert ist:

I **could** have done it if nobody else had been able.
Ich hätte es machen können, wenn es niemand sonst gekonnt hätte.

I **might** even have made the train, but I simply cut it too fine.
Ich hätte den Zug sogar vielleicht noch erwischt, aber ich habe die Zeit einfach zu knapp bemessen.

Positive Frage

Fragen im **conditional perfect** werden gebildet, indem das Hilfsverb **would** mit dem Subjekt vertauscht wird. Es steht dann vor dem Subjekt.
Bei Ja-/Nein-Fragen steht das Hilfsverb immer ganz am Anfang des Satzes:

Singular	Plural
Would I have left?	**Would** we have left?
Would you have left?	**Would** you have left?
Would he/she have left?	**Would** they have left?

Bei positiven Fragen gibt es keine Kurzformen.

Negative Frage

Bei verneinten Fragen wird fast ausnahmslos die Kurzform **wouldn't** verwendet:

Singular	Plural
Wouldn't I have left?	**Wouldn't** we have left?
Wouldn't you have left?	**Wouldn't** you have left?
Wouldn't she have left?	**Wouldn't** they have left?

Die Langform wird nur dann verwendet, wenn verneinte Fragen merkbar betont werden müssen. Allerdings ändert sich dann die Satzstellung:

Would he **not** have left? nicht ~~**Would not he** have left?~~

Ich wäre dabei gewesen, das **conditional perfect progressive** zu verwenden, wenn...

Wie beim **conditional**, **conditional progressive** und **conditional perfect** kann **would** in dieser Form oft durch **could** oder **might** ersetzt werden.
Ersteres, wenn es eher darum geht, was man hätte machen **können** oder **wollen**.
Letzteres, wenn man **vielleicht** irgendetwas hätte machen können, dies aber sehr unwahrscheinlich war:

I could have been sipping cocktails by then if...
Ich hätte Cocktails schlürfen können, wenn ...

I might have been sipping cocktails by now, but...
Ich hätte jetzt an Cocktails schlürfen können, aber ...

... nur dies, das und jenes nicht passiert wäre!
Es geht um Nicht-Eingetretenes in der Vergangenheit aufgrund vorher eingetretener Ereignisse oder Zustände.

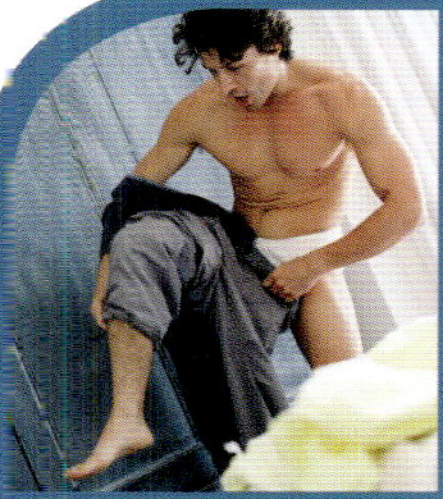

...if the pilot hadn't overslept.
... wenn der Pilot nicht verschlafen hätte.
(vorher eingetretenes Ereignis)

...if flights hadn't become so expensive.
... wenn die Flüge nicht so teuer geworden wären.
(vorher eingetretene Zustände)

...if it hadn't been for Eyjafjallajökull!
... wenn das mit Eyjafjallajökull nicht passiert wäre!
(vorher eingetretenes Ereignis mit Zuständen)

Der wesentliche Unterschied zwischen dem **conditional perfect** und dem **conditional perfect progressive** liegt darin, ob es darum geht, was man hätte machen können oder eher darum, was man zu einem bestimmten Zeitpunkt getan hätte:
I would have sipped cocktails all week, but instead I had to stay in the UK.
Ich hätte die ganze Woche Cocktails schlürfen können, stattdessen musste ich aber in Großbritannien bleiben.
I would have been sipping cocktails that morning, instead of being at work as usual.
Ich hätte heute morgen Cocktails geschlürft, statt wie üblich auf der Arbeit zu sein.

Bildung

Um das **conditional perfect progressive** zu bilden, nimmt man **would** und die Grund-Verlaufsform im Perfekt. Und diese wäre natürlich: **have been +ing**.

Positive Aussage

Das **conditional perfect progressive** wird für alle Personen im Singular und im Plural mit dem Hilfsverb **would** und der Grund-Verlaufsform des Verbes gebildet:

Singular	Plural
I **would have been** sipping	we **would have been** sipping
you **would have been** sipping	you **would have been** sipping
he/she/it **would have been** sipping	they **would have been** sipping

In Verbindung mit Pronomen werden meist Kurzformen verwendet. Dann folgt dem Prononmen ein **Apostroph**:

+ **d**: I'**d** have been sipping you'**d** have been sipping

Negative Aussage

Bei verneinten Sätzen steht nach **would** ein **not**:

I **would not have been** sipping
you **would not have been** sipping
we **would not have been** sipping

Bei verneinten Aussagen wird oft die Kurzform benutzt, wobei **would** mit **not** zu **wouldn't** wird:

He/she/it **wouldn't have been** drinking

Wenn **if-Sätze** mit **conditional** geschrieben werden, gilt:
Steht **If** am Anfang des Satzes, trennt ein Komma den ersten Teil des Satzes von dem Satzteil mit dem **conditional** ab.
Steht aber das **conditional** im ersten Teil des Satzes, wird kein Komma eingesetzt:
If I had known about it, I wouldn't been trying to call all night!
I wouldn't have been trying to call all night if I had known about it!

Positive Frage

Fragen im **conditional perfect progressive** werden gebildet, indem das Hilfsverb **would** mit dem Subjekt vertauscht wird. Es steht dann vor dem Subjekt. Bei Ja-/Nein-Fragen steht das Hilfsverb immer ganz am Anfang des Satzes:

Singular

Would I **have been** sipping?
Would he/she/it **have been** sipping?
Would they **have been** sipping?

Bei positiven Fragen gibt es keine Kurzformen.

Negative Frage

Bei verneinten Fragen wird fast ausnahmslos die Kurzform **wouldn't** verwendet:

Singular

Wouldn't I **have been** sipping?
Wouldn't you **have been** sipping?
Wouldn't he/she/it **have been** sipping?

Plural

Wouldn't we **have been** sipping?
Wouldn't you **have been** sipping?
Wouldn't they **have been** sipping?

Die Langform wird nur dann benutzt, wenn verneinte Fragen merkbar betont werden müssen. Allerdings ändert sich dann die Satzstellung:

Would he **not** have been sipping?
nicht ~~**Would not he** have been sipping~~?

If I caught that train… (and maybe I will)
Wenn ich diesen Zug erwischte … (und vielleicht werde ich das auch tun)

…I would be home in time for tea.
… wäre ich pünktlich zum Tee zu Hause.

…I wouldn't be late for that meeting.
… würde ich nicht zu spät zu diesem Meeting kommen.

…I'd be running on schedule again.
… wäre ich wieder im Zeitplan.

Conditional perfect (and perfect progressive)

If I had caught that train… (but I didn't catch it)
Wenn ich diesen Zug erwischt hätte … (aber ich habe ihn nicht erwischt.)

…I would have been home in time for tea.
… wäre ich pünktlich zum Tee zu Hause gewesen.

…I wouldn't have been late for that meeting.
… wäre ich nicht zu spät zu diesem Meeting gekommen.

…I'd have been running on schedule again.
…. wäre ich wieder im Zeitplan gewesen.

14 Der Satzbau

Wie bilde ich einen englischen Satz?

Welche **Reihenfolge** haben dabei die Satzglieder?

Was muss ich dabei beachten?

Warum Satzbau?

Trotz vieler Ähnlichkeiten ist der Satzbau im Englischen **anders** als im Deutschen. Zudem sind die Regeln, die es gibt, strenger: Im Deutschen können viele Sätze umgestellt werden, um verschiedene Aspekte zu betonen.

Dies ist auf Englisch nur bedingt möglich. Warum – und wie man es richtig macht – wird hier erklärt.

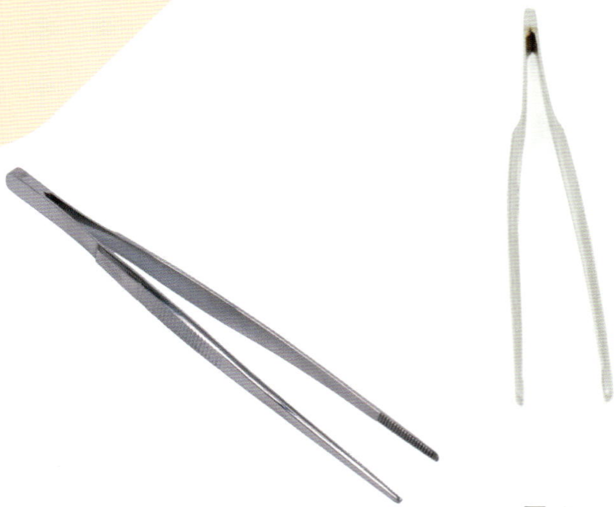

First subject

s
u
b
Enjoy
e
c
t

then verb, and then object.

probing sentences

Die Anatomie der Sätze

Satzglieder
Elemente: Verben, Subjekte, Objekte

Satzstellung Ordnung der Satzglieder

Satzzeichen
Elemente: Punkte, Kommata, Frage- und Ausrufezeichen usw.

Satzglieder

Wie Menschen, haben Sätze in der Regel vier Glieder.
Anders als bei Menschen, müssen nicht alle vier Glieder immer vorhanden sein, damit der Satz vollständig ist.
Menschen haben ja zwei Arme und zwei Beine.
In der Satz-Anatomie gibt es aber vier verschiedene Glieder:

Subjekt, Verb, Objekt, Ergänzung

Subjekt

Subjekte sind das am häufigsten vorkommende Satzglied: Denn um sie geht es. Das Subjekt übt das Verb aus. Typische Subjekte sind somit:

I, you, he/she/it,
we, they,
the man,
the doctor,
the car

Verb

Verben sind Tätigkeitswörter:

Ereignisse, Handlungen, Zustände

werden meistens mittels Verben ausgedrückt. Am häufigsten kommen Verben wie **be, have, do, think, see** vor.
Als Satzglied haben Verben die Besonderheit, dass sie alleine einen vollständigen, alleinstehenden Satz bilden können:

Catch! Fang!

Objekt

Objekte sind das Gegensatzglied von Subjekten: Die Verben, die von den Subjekten ausgeübt werden, betreffen sie. Was aber nicht immer heißt, dass sie harmlos sind!

Spannenderweise kann ein Satz mehrere Objekte haben - üblicherweise gibt es nur ein Subjekt und ein Verb.

The car caught **fire (Objekt)**. Das Auto fing **Feuer**.

He gave **her (Objekt)** the **lighter (Objekt)**. Er gab ihr das Feuerzeug.

Satzergänzungen

Satzergänzungen sind diejenigen Glieder, die die Sätze feiner und spezifischer machen.
Sie sind nicht immer nötig, aber meistens sehr willkommen.

Klassische Ergänzungen sind der Ort (wo), die Zeit (wann), oder die Art und Weise (wie) etwas gemacht wird.

Two days ago (Ergänzung) his car caught fire.

Vor zwei Tagen fing sein Auto Feuer.

His car caught fire **in the middle of the street (Ergänzung).**

Sein Auto fing **mitten auf der Straße** Feuer.

His car caught fire **quite spontaneously (Ergänzung).**

Sein Auto fing **ziemlich plötzlich** Feuer.

ERGÄNZUNG / NEBENSATZ

last week

the reason is that

SUBJEKT

I

you

your car

VERB

burned

owe

want

set

OBJEKT

how much

your car

me

ERGÄNZUNG / NEBENSATZ

because I need it now

all night long

Satzstellung

In den allermeisten Fällen ordnen sich die Satzglieder auf Englisch wie folgt:

1. SUBJEKT 2. VERB 3. OBJEKT

Ergänzungen und Nebensätze kommen entweder vor oder nach diesem Dreier. Auch, wenn diese vor dem Hauptsatz sind, steht das Subjekt immer vor dem Hauptverb.

Last week , I set fire to your car .

Ergänzung, Subjekt, Verb, Objekt 1, Objekt 2

Your car burned all night long .

Subjekt, Verb, Ergänzung

The reason is that you owe me money .

Nebensatz, Subjekt, Verb, Objekt 1, Objekt 2

I want the money because I need it now .

Subjekt, Verb, Objekt 1, Nebensatz

In einigen wenigen Fällen weicht die Satzstellung vom strikten Gebot **Subjekt-Verb-Objekt** ab. Beispielsweise in Fragesätzen, in denen das Fragewort nicht gleichzeitig das Subjekt des Satzes bildet. Dann rückt ein Hilfsverb oder Modalverb vor das Subjekt. Ist das Fragewort auch das Subjekt, bleibt die Satzstellung Subjekt-Verb-Objekt bestehen. Allein im Fall von Fragen mit dem Hauptverb to be, steht das Verb vor dem Subjekt.

How much do you owe?

Objekt 1, Hilfsverb, Subjekt, Verb

Who told me where to find your car?

Subjekt, Verb, Objekt

Are you scared?

Verb, Subjekt

Satzzeichen

Die wichtigsten Satzzeichen im Englischen sind – wie auch im Deutschen – Punkt, Komma, Doppelpunkt, Ausrufe- und Fragezeichen. Ebenso Klammern, Anführungszeichen ... und so weiter.

end.

pause,

conclusion:

exclamation!

question?

(parantheses)

“quote”

Allerdings werden nur der Punkt, das Fragezeichen und das Ausrufezeichen genau wie im Deutschen verwendet.

(Klammern) werden viel häufiger als im Deutschen benutzt. Dafür kommt der doppelte Gedankenstrich – beliebt auf Deutsch für die kleinen Nebensätze zwischendurch – viel weniger zum Einsatz.

" Anführungsstriche " werden nur für Zitate benutzt, oder um ein Wort in sein Gegenteil ironisch umzudeuten. Sie sind immer hochgestellt, und manchmal nur 'einzeln' unterwegs. Sie stehen im Englischen immer oben!

Doppelpunkt: Im Gegensatz zum deutschen Sprachgebrauch wird das darauffolgende Wort generell nicht großgeschrieben. Als Faustregel wird dieses Zeichen weniger benutzt als im Deutschen. :

Beim Komma gehen Englisch und Deutsch getrennte Wege. Deutsche Kommata sind wie Weichen, die die Sätze ohne Umwege in eine bestimmte Richtung leiten, während englische Kommata eher Straßenschildern ähneln, die Wege zwar aufzeigen, aber das Abbiegen nicht verbieten.

Das Komma im Deutschen

Das Komma ist im Deutschen eine grammatikalische **Notwendigkeit**. Am häufigsten markiert es die Trennung zwischen zwei Sätzen – für gewöhnlich handelt es sich um einen Haupt- und einen Nebensatz.

„Soviel ich weiß, werden Weichen heutzutage ferngesteuert."

„Wusstest du, dass Weichen bei der Bahn im Winter oft einfrieren?"

„Ich habe nun wirklich keine Lust, mich die ganze Zeit mit dir über Weichen zu unterhalten."

Dieser Unterschied bedeutet, dass es im Englischen **kein Komma** zwischen Verben wie think oder believe und dem Rest des Satzes gibt.

I think you've forgotten to set the points.

Ich glaube, du hast vergessen, die Weichen zu stellen.

Als Faustregel muss jeder Satzteil mit einem Verb auf Deutsch durch ein Komma von anderen abgetrennt werden.

Nur in den wenigsten Fällen ist das Komma im Deutschen Ermessungssache. Entweder es **muss** rein, oder es **darf nicht** rein.

Das Komma im Englischen

Das Komma ist im Englischen oft Ermessungssache. Seine Hauptaufgabe ist es, lange Sätze in kleine Einheiten herunter zu brechen und Unklarheiten auszuräumen.

Nur in wenigen Fällen ist es Pflicht. Z.B., wenn eine längere Ergänzung oder ein Bedingungssatz mit **if** dem Hauptsatz voransteht.

After I saw the road sign, I decided to go another way.

Nachdem ich das Straßenschild sah, beschloss ich, den anderen Weg zu nehmen.

If we turned left here, would we be heading back towards town?

Wenn wir hier links abbögen, würden wir dann wieder in Richtung Stadt zurückfahren?

Allerdings stören diese Kommata den Lesefluss, wenn die Ergänzung oder Bedingung auf den Hauptsatz folgt, und entfallen dann deswegen.

I decided to go another way after I saw the road sign.

Das Komma ist auch Pflicht, wenn bestimmte Adverbien wie **however**, **nevertheless** oder **in fact**, einem Satz voranstehen:
However, we forgot to turn off after the sign.
Jedoch vergaßen wir nach dem Schild abzubiegen.
Wenn diese Adverbien mitten im Satz auftauchen, werden sie mit Kommata abgetrennt.
We forgot, however, to turn off after the sign.

15 Die Satzarten

Welche Arten von Sätzen gibt es im Englischen?

Wann verwende ich welche Satzart?

Was **drücke ich** mit den einzelnen Satzarten **aus**?

Was muss ich bei ihrer **Bildung** beachten?

Should I call her?

Typisches Zitat:
Water is a liquid.
Schlagkraft:
08/10 – wird selten hinterfragt
Sonderfähigkeit:
Darstellung von Tatsachen

Typisches Zitat:
Where were you last night?
Schlagkraft:
07/10 – kriegt meistens eine Antwort
Sonderfähigkeit:
Abfragen von Tatsachen, Meinungen usw.

IT'S SENTENCE

Konditionalsatz

Typisches Zitat:
If you buy this car, I will give you a two week guarantee.
Schlagkraft:
03/10 – kommt oft schwammig rüber
Sonderfähigkeit:
Aufweisen von Möglichkeiten, Wahloptionen

Relativsatz

Typisches Zitat:
He who finds the place where the stars shine, shall find me.
Schlagkraft:
02/10 – oft verklausuliert oder abgeschwächt
Sonderfähigkeit:
Eröffnung neuer Informationsebenen

Imperativsatz

Typisches Zitat:
Give me the money!
Schlagkraft:
10 / 10 – Folge wird geleistet
Sonderfähigkeit:
Durchsetzen von besonderen Anliegen

Adverbialer Nebensatz

Typisches Zitat:
"After he had left the room, …"
Schlagkraft:
05 / 10 – wichtig, aber nicht eigenständig.
Sonderfähigkeit:
Geschliffene Erzählung einer Geschichte

TOP TRUMPS!

Infinitivsatz & -ing-Satz

Typisches Zitat:
"To be or not to be, that is the question!"
Schlagkraft:
07 / 10 – kann recht gediegen wirken
Sonderfähigkeit:
Zusammenlegung von mehreren Satzteilen

Indirekte Rede- & Fragesätze

Typisches Zitat:
The president said he had not been informed of the matter.
Schlagkraft:
06/10 – gilt nicht immer als bare Münze.
Sonderfähigkeit:
Wiedergeben von Gesprächen ohne Zitate

Aussagesatz

Water is a liquid.
Wasser ist eine Flüssigkeit.

Was ist ein **Aussagesatz**?

In einem Aussagesatz handelt es sich um ein Beschreibung oder Bestätigung von Zuständen oder Vorgängen sowie die Wiedergabe von Vergangenem.

Und so werden **Aussagesätze** gebildet:

Subjekt - Verb - Objekt

Chemistry bores me.
Chemie langweilt mich.

Fragesatz

Where were you last night?
Wo waren Sie / warst du letzte Nacht?

Was ist ein **Fragesatz**?

Ein Fragesatz wird benutzt, um Nichtbekanntes zu erfragen, um Bekanntes zu überprüfen oder bestätigen zu lassen sowie für besondere Betonungen oder Effekte.

Und so werden **Fragesätze** gebildet:

Um einen Satz in eine Frage zu verwandeln, braucht man entweder ein **Fragewort** oder ein als **Frage gestaltetes Verb**. Dazu kommt natürlich ein Fragezeichen in der Schriftsprache.

Genau wie im Deutschen werden Fragen im Englischen entweder mit **Fragewörtern** ...

WHO HOW WHERE ?

Fragewörter werden meistens dann benutzt, wenn ein Element im Satz noch nicht bekannt ist und daher erfragt werden muss:

Who killed the pigeon? Wer hat die Taube getötet?

(Wir wissen überhaupt nicht, **wer** die Taube getötet hat.)

Why did he kill the pigeon? Warum hat er die Taube getötet?

(Wir wissen nicht, **warum** er die Taube getötet hat.)

Genau wie im Deutschen steht das Fragewort in englischen Fragesätzen meist am Satzanfang. Bildet das Fragewort das Subjekt des Fragesatzes, dann ersetzt das Fragewort einfach dieses Subjekt und der Satzbau Subjekt-Verb-Objekt bleibt bestehen.

He killed Terry's pigeon > **Who** killed Terry's pigeon?
Sub. Ver. Obj. Sub. Ver. Obj.

Ist das Fragewort nicht das Subjekt, dann brauchen Sie ein Hilfs- oder Modalverb (Sie wissen doch noch: do, can usw) und die Satzstellung wird umgekehrt:

He killed Terry's pigeon > **Who** did he kill?
Sub. Ver. Obj. Obj. (Ver.) Sub. Ver.

… oder mithilfe von **Verben** gestellt.

?

IS
CAN
DOES

Fragen werden ohne Fragewörter gebildet, wenn alle Elemente in einem Satz schon bekannt sind, aber noch überprüft oder bestätigt werden müssen.

Did he kill the pigeon? Hat er die Taube getötet?

(Wir wollen wissen, ob **er** die Taube getötet hat oder nicht.)

Did he really kill it because it was annoying him?
Hat er sie wirklich getötet, weil sie ihn gestört hat?

(Wir wollen wissen, ob unsere Erklärung auch **stimmt**.)

Im Deutschen wird das Verb einfach an den Satzanfang gestellt: Dies geht im Englischen nur mit to be sowie mit Hilfs- und Modalverben. Andere Vollverben müssen immer hinter dem Subjekt stehen.

The pigeon is dead Sub. Ver.	>	**Is** the pigeon **dead**? Ver. Sub.
He killed the pigeon Sub. Ver. Obj.	>	**Did** he **kill** the pigeon? Hil. Sub. Vol. Obj.
The pigeon can be buried Sub. Mod. Vol.	>	**Can** the pigeon **be buried**? Mod. Sub. Vol.

Im guten schriftlichen Gebrauch wird im Englischen noch zwischen **who** (wer) und **whom** (wen/wem) unterschieden. In der gesprochenen Sprache benutzt man eher das Fragewort **who**.

Achtung: **whose** heißt wessen, während who's die Kurzform für who is darstellt.

WAAGERECHT
1 Was
4 Welcher
SENKRECHT
2 Wie
3 Warum

[1] W	[2] H	A	T		
	O				[3] W
	[4] W	H	I	C	H
					Y

		[1] W	H	O	(M)
		H			
[2] W	H	E	N		
H		R			
O		E			
S					
E					

WAAGERECHT
1 Wer (wem)
2 Wann
SENKRECHT
1 Wo
2 Wessen

TIPP: Im Deutschen fangen alle **Fragewörter** mit W an. Im Englischen fangen alle bis auf eins ebenfalls mit W an!

Um beispielsweise großes Erstaunen auszudrücken oder um einzelne Satzelemente innerhalb einer Frage hervorzuheben, können Fragewörter auch später im Satz platziert werden:

He killed Terry's pigeon > He killed **WHAT**?

Von der Satzstellung her ist ein solcher **Fragesatz** mit einem **Aussagesatz** zu vergleichen.

Who is the killer?
Wer ist der Killer?

Which way did he run?
Wohin ist er gerannt?

Where is he hiding?
Wo versteckt er sich?

What did he kill?
Was hat er getötet?

Whose gun did he use to shoot?
Mit wessen Waffe hat er geschossen?

How did he kill his victim?
Wie hat er sein Opfer getötet?

When did it take place?
Wann ist es passiert?

Who can I turn to?
An wen kann ich mich wenden?

Where has he escaped to?
Wohin ist er geflüchtet?

Whose house is he hiding in?
In wessen Haus versteckt er sich?

Oft werden in diesen Verbindungen auch Fragewörter benötigt.
Im normalen Sprachgebrauch stehen diese am Satzende:

Which shop did he get the shooter **from**? Aus welchem Laden hatte er die Knarre?

In formellerem Sprachgebrauch schreibt man gun statt shooter – und die Präposition steht am Satzanfang!

From which shop did he get his gun? Aus welchem Laden hatte er die Waffe?

Ein **Hilfsverb** oder ein **Modalverb** rückt in Fragesätzen vor das Subjekt, in denen das **Fragewort** nicht auch das Subjekt ist – also auch in Fragen ganz ohne **Fragewort**.

Ausnahme: Das Verb **to be** lässt sich einfach vors Subjekt ziehen.

I am a competent detective.

Are you a competent detective?

I cost $100 per day – plus expenses.

How much do you cost per day?

I always find the guilty party.

Do you always find the guilty party?

Who did you find in the 1980s?

I found the 1976 pigeon killer!

Did you find the 1976 pigeon killer?

I have started looking for the killer.

Have you started looking for the killer?

I will find the new pigeon killer!

Will you find the new pigeon killer?

Um Erstaunen oder Ungläubigkeit auszudrücken – oder einfach des Effektes wegen – können **Fragesätze** wie **Aussagesätze** formuliert werden:

He killed Terry's pigeon > He killed a pigeon?! (Did he really kill a pigeon?)

Hat ein Satz schon ein **Hilfsverb** oder ein **Modalverb**, das vor das Subjekt rücken kann, ist die Fragestellung vergleichsweise einfach:

He can find the killer > Can he find the killer?

I mustn't talk about the murder > What mustn't you talk about?

Modalverb

She has found a detective > Has she found a detective?

They would like to speak to him > Would they like to speak to him?

Hilfsverben

Die häufigsten Verben, die am Anfang von Fragesätzen stehen, sind folgende:

Am/are/is…?

Do/did…?

Can/could…?

Will/would…?

Have/has…?

Wenn **Verben** in Fragesätzen **verneint** sind, kann entweder die volle Kurzform vor das Subjekt gestellt werden, oder das **not** wird dem Subjekt alleine nachgestellt. Letzteres ist sehr formell.

Didn't it die?
Did it not die?

Can't he find him?
Can he not find him?

Achtung: **to be** ist auch hier unregelmäßig. Aus Is it not? wird zwar Isn't it? und aus Are you not? logischerweise Aren't you, aber Am I not? wird eben zu Aren't I?

Bei Fragen muss zwischen **to have** als **Hilfsverb** und als **Vollverb** unterschieden werden. Als Hilfsverb – etwa bei Perfektformen – nimmt **have** die erste Stelle in einem Fragesatz ein:

Have you seen Terry? **Has** Terry found out about his favourite pigeon?

Wenn **have** selber das Vollverb darstellt, dann braucht es auch das Hilfsverb **do** in Fragestellungen:

Does Terry **have** a new favourite pigeon? **Didn't** he **have** insurance for his pigeons?

Imperativ

Was ist ein **Imperativ**?

Ein Imperativsatz ist eine direkte Aufforderung, etwas zu tun oder zu lassen.

Und so werden **Imperativsätze** gebildet:

Der Schlüssel zu einem Imperativsatz ist das Verb. Jedes Verb hat eine Imperativform, die mit dem Infinitiv identisch ist. Imperativsätze sind übrigens die einzigen Sätze, die alleinstehend aus einem einzigen Wort, nämlich dem Verb, bestehen können.

Give me the money!
Gib mir das Geld!

Gern werden **Imperativsätze** gegen **Fragesätze** oder **Aussagesätze** eingetauscht, wenn eine Aufforderung oder Bitte sehr höflich formuliert werden soll:

Could you loosen the handcuffs, please, officer?
Könnten Sie die Handschellen etwas lösen, bitte Herr Wachtmeister?

Would you be so kind as to get me a laywer?
Wären Sie so freundlich, mir einen Anwalt zu holen?

I would like to make use of my right to remain silent.
Ich möchte von meinem Aussageverweigerungsrecht Gebrauch machen.

Einfach!
Die Imperativform ist immer die Grundform – also ohne to.

to be > **Be** quiet!

to open > **Open** the cash register!

to stop > **Stop** crying!

Die verneinte Form ist ebenfalls leicht!
Vorne weg kommt einfach ein **do not (don't)**.

to call > **Do not call** the cops!

to shoot > **Don't shoot!**

Der Imperativ kann aber auch viel netter sein als sein Ruf.
Alleine die Zugabe von **please** macht aus der Aufforderung eine Bitte:

Please give me all the money in the register! **Please!**
Bitte geben Sie mir das ganze Geld in der Kasse! Bitte!

Please **don't tell** anyone this gun is fake.
Bitte erzählen Sie niemandem, dass diese Waffe eine Attrappe ist.

Bei schriftlichen Aufrufen gehört es sich, **please** hintenan zu stellen.

Wait for the green light, please.
Warten Sie bitte auf Grün.

Ein-Wort-Sätze

Stop! Go!
Walk! Run!
Look! Listen!
Start! Smile!

Adverbialer Nebensatz

Was ist ein **adverbialer Nebensatz**?

Adverbiale Nebensätze haben in etwa dieselbe Funktion wie Adverbien. Sie können die Umstände anderer Sätze näher bestimmen (zeitlich, kausal, modal).

Und so werden **adverbiale Nebensätze** gebildet:

Nebensätze werden im Englischen grundsätzlich wie **Aussagesätze** gebildet.
Allerdings steht in einem **adverbialen Nebensatz** oft vor dem Subjekt eine Konjunktion, die als Bindeglied dient: so ist der **adverbiale Nebensatz** ohne Bezug zu einem **Aussagesatz** nicht vollständig.

"Mrs. Mulberry liked to make herself a cup of tea **before the postman came**. But that morning, **because she had slept so late**, it was still brewing when he came in. **While he untied his bundle**, she took his mug in her hands. **It was only later** she noticed..."

Zeitliche Bestimmung

Gern werden adverbiale Nebensätze dazu verwendet umdie zeitliche Relation von verschiedenen Geschehnissen bzw. Taten darzustellen:

After he had drunk his tea, they started to talk.

"You need to call me **as soon as you hear anything**."

after nachdem
as während
as soon as sobald
before bevor
since seitdem
when als, wenn, sobald
whenever wann immer
while während

Kausale Bestimmung

as da
because weil, da
for denn
given that weil, da
in view of hinsichtlich, wegen
since da
therefore deswegen, daher

Adverbiale Nebensätze können auch verwendet werden, um die Verbindung zwischen zwei Vorgängen zu zeigen:

"**Since you ask**, I might as well tell you", she answered.

Fast alle Nebensatz-Konjunktionen können genauso gut in der Vergangenheit als auch in der Zukunft oder Gegenwart benutzt werden.

He put on his postman's hat whenever she asked.
Er setzte seine Postmütze auf, wann immer sie es verlangte.

He puts on his postman's hat whenever she asks.
Er setzt seine Postmütze auf, wann immer sie es verlangt.

He will put on his postman's hat whenever she asks.
Er wird seine Postmütze aufsetzen, wann immer sie es verlangt.

Nebensatz-Klassiker

While... After…
Since… As…
Because… When…
Given that…
Now that… With..

Konditionalsatz

Was ist ein **Konditionalsatz**?

Ein Konditionalsatz ist ein Nebensatz, der eine Bestimmung oder eine Möglichkeit ausdrückt, auf den sich ein Hauptsatz beruft. In den allermeisten Fällen wird er mit if eingeleitet.

Und so werden **Konditionalsätze** gebildet:

Nebensätze werden im Englischen grundsätzlich wie **Aussagesätze** gebildet. Allerdings muss in einem **Konditionalsatz** etwas vor dem Subjekt stehen: meistens erfüllt **if** diese Aufgabe, sonst tut es ein Verbteil.
Ein Konditionalsatz ist ohne Bezug zu einem Aussagesatz nicht vollständig.

If you buy this car, I will give you a two-week guarantee.
Wenn Sie dieses Auto kaufen, gebe ich Ihnen eine zweiwöchige Garantie.

If you didn't buy this car now, you would be absolutely mad!
Wenn Sie dieses Auto nicht sofort kaufen, wären Sie absolut verrückt!

If you had bought it last week, I could have given you a really good deal. But now…? Well…
Wenn Sie es letzte Woche gekauft hätten, hätte ich Ihnen einen richtig guten Preis machen können. Aber jetzt …? Nun …

Im Allgemeinen können **Konditionalsätze** sowohl in der **Gegenwart** als auch in der **Vergangenheit** stehen:

"**If you like this car**, you should just buy it. No need to ask the wife."
„Wenn Ihnen dieses Auto gefällt, sollten Sie es einfach kaufen. Es besteht keine Notwendigkeit Ihre Frau zu fragen."

"**If you liked that VW so much**, why didn't you just ask me to hold it?"
„Wenn Ihnen dieser VW so gefallen hat, wieso haben Sie mich nicht gebeten, ihn zu reservieren?"

Reale Bedingungen

Hier steht das Verb im **if**-Satz im present simple und das Verb im Hauptsatz in der Zukunft mit **will**.	"**If you have it painted**, this car **will look** as good as new. Honest!" „Wenn Sie es lackieren lassen, wird dieses Auto wie neu aussehen. Ehrlich!"
Man kann im **if**-Satz die **going to**-Form verwenden, wenn es da um etwas Geplantes, Vorhergesagtes, oder Absehbares geht:	"How can we do business together **if you aren't going to trust me**?" „Wie können wir miteinander ins Geschäft kommen, wenn Sie mir nicht vertrauen?"

Will und would im Konditionalsatz

Normalerweise benutzt man **will** nicht im **Konditionalsatz** selbst, sondern nur im darauf bezogenen Hauptsatz.
Allerdings kann man so eine höfliche Bitte zum Ausdruck bringen:

If you will just get in, madam, you'll see why this is the right car for you."
Wenn Sie einsteigen, Madam, werden Sie sehen, warum dies das richtige Auto für Sie ist.

Dasselbe gilt für **would**, das eigentlich auf einen **If**-Satz folgt: Außer es handelt sich um äußerst höfliche Bitten – oder fromme Wünsche:

If you would just let me finish, madam, I'll explain my… Wait, stop!"
Wenn Sie mich nur kurz zu Ende führen lassen, Madam, werde ich Ihnen erklären warum … Halt, warten Sie!

Irreale Bedingungen

Konditionalsätze werden auch benutzt, um Bedingungen oder Möglichkeiten auszudrücken, die noch nicht zustande gekommen sind – oder nicht zustande kommen können.
In diesem Fall steht das Verb im **if**-Satz im **past simple** und das Verb im Hauptsatz im **would-conditional** (kennt man aus Kapiteln wie 13).

If I were you, I would definitely buy this car. No doubt about it."
Even if you offered twice as much, it still wouldn't be enough."
What if I gave you another day to decide? Would that be alright?"

Im ersten Beispielsatz fällt vielleicht If I **were** auf. Im **past simple** heißt es natürlich üblicherweise I **was**. In **Konditionalsätzen** wird allerdings diese alte Konjunktivform benutzt – in der gesprochenen Sprache hört man zwar sehr oft If I **was**, aber dies bleibt falsch.

Im sehr gehobenen Sprachgebrauch kann bei irrealen Bedingungen auf **if** verzichtet werden, indem das Hauptverb vor das Subjekt gerückt wird.
Dies funktioniert allerdings nur mit **were** und mit **had**.

Were I a millionaire, I would buy a Rolls Royce.
Wäre ich Millionär, würde ich einen Rolls Royce kaufen.

Irreale Bedingungen in der Vergangenheit

Geht es um Bedingungen oder Möglichkeiten, die damals nicht zustande gekommen sind oder nicht zustande hätten kommen können, rückt der **Konditionalsatz** ins past perfekt – und der Hauptsatz rückt damit ins conditional perfect.

"**If I had had the chance to buy this kind of vehicle at your age**, I wouldn't have thought twice about it!"

"**If I had seen this car for this price**, I would have bought it straight away."

"**If I had known it would break down straight away**, I would have sold it to you for less, of course."

Vor allem, wenn es um verpasste Möglichkeiten geht, statt darum, was passiert wäre, wird im conditional perfect **would** gegen **could** ausgetauscht.

"You could have had the VW Beetle **if you'd only told me you wanted it**!"

Oft wird **if** in irrealen Konditionalsätzen durch andere Wörter verstärkt: bei **if only**, zum Beispiel schwingt oft Verzweiflung, Enttäuschung, oder Bedauern mit:

If only I'd known the car was that important to you, I would have kept it!
Hätte ich bloß gewusst, wie wichtig Ihnen dieses Auto war, hätte ich es behalten..

If only I could think of a proper way to make up for the state of the car, Madam.
Wenn ich bloß wüsste, wie ich den Zustand dieses Autos angemessen wiedergutmachen könnte!

Auch wird **just** in Verbindung mit **if** verwendet, um eine noch unrealere Bedingung auszudrücken.

If he would just stop trying to negotiate on the price, maybe we could come to an agreement.
Würde er mal aufhören, über den Preis zu verhandeln, könnten wir vielleicht zu einer Übereinkunft kommen.

Relativsatz

Was ist ein **Relativsatz**?

Relativsätze sind Nebensätze, die ein Element im Satz – in der Regel ein Substantiv – näher beschreiben. Sie gehen ins Detail oder geben zusätzliche Information über dieses Element.

Und so werden **Relativsätze** gebildet:

Obwohl Nebensätze auf Englisch grundsätzlich wie **Aussagesätze** gebildet werden, kann es bei **relativen Nebensätzen** anders kommen. Hat der Relativsatz mit dem Subjekt des Hauptsatzes zu tun, bleibt die übliche Satzstellung Subjekt-Verb-Objekt bestehen.
Bezieht sich der Relativsatz aber auf das Objekt, ändert sich die Satzstellung zu Objekt-Subjekt-Verb.
Relativpronomen wie who, which, or where nehmen jeweils den ersten Platz im Nebensatz ein.

He who finds the place where the stars shine, shall find me. Go to the hill from which you can see the eternal city, and pray.
She who holds the key to your heart is the one you least expect.

Es gibt im Englischen zwei Arten von Relativsätzen: Solche, die zur näheren Beschreibung eines Subjekts oder Objekts notwendig sind:

non-defining relative clauses
= Relativsätze, die lediglich dazu dienen, zusätzliche Informationen zu einem Subjekt oder Objekt zu liefern

defining relativ clauses
= Relativsätze, die zur näheren Beschreibung eines Subjekts oder Objekts notwendig sind.

Als integrale Satzbestandteile werden defining relative clauses nicht abgetrennt.

The cat **who was a tabby** purred while the black cat hissed.
Die Katze, die getigertes Fell hatte, schnurrte, während die schwarze Katze fauchte.

Non-defining relative clauses werden mittels Kommata aus dem Hauptsatz herausgeklammert:

The fortune teller's cat, **who was a tabby**, purred away contentedly.
Die Katze der Wahrsagerin, die getigertes Fell hatte, schnurrte zufrieden vor sich hin.

Die Unterscheidung zwischen den beiden Arten von Relativsätzen ist sehr wichtig, da diese die Bedeutung zweier Sätze mit derselben Aneinanderreihung von Wörtern stark verändern können.

There are few people who believe my prophesies in this room today.
Es gibt wenige Leute in diesem Raum heute, die an meine Prophezeiungen glauben.

There are few people, who believe my prophesies, in this room today
Es gibt wenige Leute in diesem Raum heute, und die glauben (alle) meinen Prophezeiungen.

Relativpronomen

where

which

who
whose
(whom)

that

when

why

Who benutzt man meistens bei Personen und gelegentlich bei Haustieren.

The monk **who** hides his face is the master of the sect.
Der Mönch, der sein Gesicht verbirgt, ist der Anführer der Sekte.

A dog **who** barks is trying to tell us something.
Ein Hund, der bellt, versucht uns etwas mitzuteilen.

You must find the monk **whose** face is hidden and **whom** I have warned.
Du musst den Mönch finden, dessen Gesicht verhüllt ist und den ich vorgewarnt habe.

Zu **who** gehört die Possessivform **whose** sowie die (nur bei gutem schriftlichen Gebrauch einzusetzende) Objektform **whom**.

Which wird ausschließlich bei Gegenständen und Dingen verwendet.

Beware of false prophecies **which** are going around about the end of the world!
Hüte dich vor den falschen Prophezeiungen über den Weltuntergang, die gerade im Umlauf sind.

What happened to those incense sticks **whose** smell I couldn't stand?
Was wurde aus diesen Räucherstäbchen, deren Geruch ich nicht ausstehen konnte?

Für **which** wird bei Bedarf die Possessivform **whose** eingesetzt.

In Verbindung mit Relativpronomen können Präpositionen auftreten. Diese stehen in der gesprochenen Sprache am Ende des Relativsatzes.

In der Schriftsprache gehen Präpositionen dem Relativpronomen vor.

The soothsayer **who** I went **to** was bizarre.
Die Wahrsagerin zu der ich ging, war komisch.
The soothsayer **to whom** I went was bizarre. (Schriftsprache)

She told me about a monastery **where** a sect is hiding from the government.
Sie erzählte mir von einem Kloster, in dem sich eine Sekte vor der Regierung versteckt.
That was the night **when** the prophecy came true.
Das war die Nacht, in der sich die Prophezeiung bewahrheitete.

Where wird meist bei Orts- und **when** bei Zeitangaben verwendet.

In vielen Zusammenhängen können **where** und **when** Konstruktionen mit **which** und einer Präposition ersetzen.

It was a place **in which**/**where** I did not feel comfortable.
Es war ein Ort, an dem / wo ich mich nicht wohlgefühlt habe.
Twelve o' clock is a time **at which**/**when** strange things happen.
Zwölf Uhr ist eine Zeit, zu der seltsame Dinge passieren.

You will never understand the reason **why** you are here until you listen to me.
Du wirst nie den Grund verstehen, warum du hier bist, bis du mir zuhörst.

Why benutzt man, um einen Grund oder eine Ursache zu bestimmen.

Das neutrale **that** kann in defining-relative clauses für die anderen Pronomen herhalten. Sehr oft ersetzt es **who** oder **which** (egal ob Mensch, Tier oder Gegenstand).

A dog **that** barks is trying to tell us something.
Ein Hund, der bellt, versucht uns etwas mitzuteilen.

It was a place **that** I did not feel comfortable **in**.
Es war ein Ort, an dem / wo ich mich nicht wohlgefühlt habe.
Twelve o' clock is a time **that** strange things happen **at**.
Zwölf Uhr ist eine Zeit, zu der seltsame Dinge passieren.

That kann auch **where** oder **when** ersetzen, muss dies aber mit einer passenden Präpositionen am Satzende tun.

Ist das ein wichtiges Relativpronomen oder kann das weg?

Ein bisschen kompliziert, diese Relativpronomen, nicht wahr? Das finden viele Muttersprachler auch und lassen sie gern weg, wo es nur geht.

Weglassen kann man ein Relativpronomen dann, wenn es nicht gleichzeitig Subjekt des Satzes ist und wenn es sich um eine defining relative clause handelt.

muss bleiben	kann weg
The monk **who** hides his face is the master of the sect. Der Mönch, der sein Gesicht verdeckt, ist das Oberhaupt der Sekte. Dieses Relativpronomen ist gleichzeitig das Subjekt und muss bleiben.	The monk **who** the soothsayer sent us to has disappeared. Der Mönch, zu dem uns die Wahrsagerin geschickt hat, ist weg. Dieses Relativpronomen bezieht sich auf das Objekt und kann weggelassen werden.
The maps, **which** are old and fragile, are the only ones left. Die Karten, die alt und empfindlich sind, sind die einzigen, die übrig sind. In diesem Satz ist der Relativsatz ein non-defining-relative clause und muss bleiben.	The maps **which** I gave you are old and fragile. Die Karten, die ich dir gegeben habe, sind alt und empfindlich. Dieses Relativpronomen bezieht sich auf das Objekt und kann weggelassen werden.
It was a place **where** I did not feel comfortable. Es war ein Ort, an dem ich mich nicht wohl fühlte. Obwohl es kein Subjekt ist, ist **where** eine Ausnahme und darf nicht weggelassen werden	It was a place **that** I did not feel comfortable **in**. Es war ein Ort, an dem ich mich nicht wohl fühlte. Allerdings darf **that** als Ersatz für **where** übersprungen werden.

Freie Relativsätze

Relativsätze, die kein Subjekt oder Objekt näher bestimmen, sondern allein stehen können, nennt man freie Relativsätze.

So können sich freie Relativsätze als Subjekte oder Objekte einfügen:

What the soothsayer foresaw was a soaring eagle in the evening sky.
Was die Wahrsagerin vorhersah, war ein im Abendhimmel aufsteigender Adler.

Did you hear **what the soothsayer foresaw?**
Hast du gehört, was die Wahrsagerin vorhergesehen hat?

Oft findet man in freien Relativsätzen Formen der Relativpronomen mit -ever:

whatever
wherever
whenever
whoever

Diese sind vergleichbar mit dem Zusatz **auch immer** auf Deutsch.

Some people believe **whatever** she spouts.
Einige Leute glauben, was auch immer sie von sich gibt.

Whoever predicted that was way off!
Wer auch immer das vorhersagte, lag falsch!

I keep seeing the monk **wherever** I go.
Ich sehe immer wieder den Mönch, egal wo ich hingehe.

Infinitivsatz & -ing-Satz

Was ist ein **Infinitivsatz** und ein **-ing-Satz**?

Sowohl der Infinitiv mit to als auch die -ing-Form können innerhalb eines Hauptsatzes einen Nebensatz einleiten. Infinitive oder -ing-Formen stehen meist nach bestimmten Verben, Adjektiven oder Substantiven.

Und so werden diese **Sätze** gebildet

Die Satzstellung ist wie in **Aussagesätzen**: Subjekt-Verb-Objekt. Aber das Subjekt entfällt, wenn es im Hauptsatz und im Nebensatz gleich ist. Manche dieser Sätze können vor oder nach dem Hauptsatz stehen, wie freie Relativsätze.
Wichtig ist es, darauf zu achten, ob es sich im Fall von to um einen **Infinitiv** oder einfach nur eine Präposition handelt. Ähnliches gilt für -ing: Ist es eine Verbform in einem **-ing-Satz** oder eine andere Wortart, die auf -ing endet?

"To be or not to be: that is the question."

Sein oder Nichtsein, das ist die Frage.

The director **told the actress**
Der Direktor verlangte von der Schauspielerin, dass sie

The sound engineer **asked her**
Der Tontechniker bat sie, dass sie

The actors on stage **expected her**
Die Schauspieler auf der Bühne erwarteten, dass sie

The script **required her**
Das Drehbuch verlangte von ihr, dass sie

The audience **wanted her**
Das Publikum wollte, dass sie

Die Schauspielerin ist nicht das Subjekt im Hauptsatz und muss daher vor dem Infinitiv erwähnt werden.

The actress had been **waiting**
Die Schauspielerin hatte darauf gewartet,

She did not **want**
Sie wollte nicht

Hier ist Schauspielerin im Hauptsatz sowie im Infinitivsatz Subjekt und wird nicht wiederholt.

to repeat

Hamlet's soliloquy.

den Monolog aus Hamlet
... wiederholte. /
... wiederholen zu können. /
... wiederholen.

Man kann mit einem Infinitivsatz auch den Sinn oder Zweck einer Handlung mit der Formel in order to, oder nur to, erklären.

The actress took valium (**in order**) **to** get over her stagefright.
Die Schauspielerin nahm Valium, um über ihr Lampenfieber hinweg zu kommen.

Vor einem Hauptsatz können -ing-Sätze einen Grund angeben.

Realising she had to leave the stage, the actress bowed and turned away.
Als sie erkannte, dass sie von der Bühne musste, verbeugte sich die Schauspielerin und drehte sich um.

She left the stage
Sie verließ die Bühne

without | **after** | **before** | **while**

bowing

She was | afraid of | tired of | bad at

Ähnlichkeit zu **adverbialen Nebensätzen**, aber das Subjekt darf sich innerhalb des Satzes nicht ändern wie in dem Fall:
After **she** had bowed, **she** left the stage.
Nachdem sie sich verbeugt hatte, verließ sie die Bühne.

She didn't feel like…
Ihr war nicht nach ...
She couldn't remember…
Sie konnte sich nicht (daran) erinnern ...

Auf einige Verben folgt meist die -ing-Form:

enjoy, finish, go, imagine, keep, mind, miss, practice, try, start.

Das Subjekt der -ing-Form ist immer identisch mit dem Subjekt im Hauptsatz:

Do you enjoy acting?
Schauspielst du gerne?

Auf einige Verben folgt meist ein Infinitiv:

ask, expect, get, mean, need, tell, want

Im Gegensatz zu den -ing-Formen, können die Infinitivsätze, die auf diese Verben folgen, sowohl dasselbe Subjekt als der Hauptsatz als auch ein anderes Subjekt haben.

I expect to get the part.
Ich gehe davon aus, dass ich die Rolle bekomme.

Auf wenige Verben können sowohl Infinitive als auch -ing-Formen folgen. In diesen Fällen besteht meistens ein Bedeutungsunterschied.

to stop + -ing-Form = mit etwas aufhören.
to stop + Infinitiv = anhalten

She didn't stop learning her lines
Sie hörte nicht auf, ihren Text zu lernen.

She didn't stop to learn her lines
Sie hielt nicht an, um ihren Text zu lernen.

to remember + -ing-Form = (sich an etwas Vergangenes erinnern)
to remember + Infinitiv = an etwas denken

Sich an Vergangenes erinnern wird mit to

She didn't remember learning her lines.
Sie entsann sich nicht, ihren Text gelernt zu haben.

She didn't remember to learn her lines.
Sie dachte nicht daran, ihren Text zu lernen.

Auf folgende Verben können sowohl der Infinitiv als auch -ing, ohne einen nennenswerten Bedeutungsunterschied, folgen.

begin, start, continue, bother

to try + -ing = etwas testen
to try + infinitiv = (ein mühevoller Versuch, bei dem das Scheitern fast immer mitschwingt).

She tried repeating her lines.
Sie versuchte, ihren Text zu aufzusagen.

She tried to repeat her lines.
Sie bemühte sich, ihren Text zu aufzusagen.

Bei manchen Verben, die eine Zu- oder Abneigung ausdrücken, gibt es ebenfalls eine Wahl zwischen Infinitiv und -ing-Form, die nicht immer bedeutungsneutral ausfällt.

like, love, prefer, dislike, hate

In vielen Fällen sind beide Varianten gleich:

I **love to act**/I **love acting** Ich schauspiele gern.

Bei konkreten Situationen, die schon bestehen, wird nur -ing verwendet:

I **like playing** Macbeth in this production.
Ich spiele gern Macbeth in dieser Produktion.

Im Fall von like kann die Variante mit -ing heißen, dass man es genießt, etwas zu tun, während die mit dem Infinitiv bedeuten kann, dass man es nur für wichtig hält:

I **like learning** my lines Ich lerne mit Vorliebe meinen Text.

I **like to learn** my lines Mir ist es wichtig, meinen Text zu lernen.

Ein -ing-Satz dient sehr oft als Subjekt eines Hauptsatzes. Dort ersetzt er meistens ein Substantiv oder das Pronomen **it**.

Learning lines is what I absolutely hate.
Ich hasse es wirklich, meinen Text zu lernen.

Oft beginnen -ing-Sätze mit **instead of** oder **by**.

Instead of learning my lines, I went out for supper.
Statt meinen Text zu lernen, ging ich zu Abend essen.

You've jeopardised the whole production **by not learning** your lines!
Du hast die ganze Produktion aufs Spiel gesetzt, dadurch, dass du deinen Text nicht gelernt hast.

Indirekte Rede und Fragesätze

Was sind **indirekte Rede & Fragesätze**?

Wenn davon berichtet wird, was eine Person gesagt oder gefragt hat, handelt es sich um indirekte Rede bzw. indirekte Fragesätze.

Und so werden sie gebildet:

Grundsätzlich wird die Satzstellung der **Aussagesätze** eingehalten. Allerdings richtet sich die Zeitform des Verbs in der indirekten Rede oder bei Fragen nach der Zeitform im Hauptsatz.
Meistens stehen vor indirekten Fragen if, whether oder Fragewörter wie who, where, when usw. Oft geht der indirekten Rede that voraus.

We asked the President whether he agreed.
Wir fragten den Präsidenten, ob er zustimmte.

Nebensätze, die eine Frage beinhalten (ausgesprochen oder auch nur gedacht), sind indirekte Fragesätze. In der Regel werden sie von Verben wie **ask**, **wonder**, **know** eingeleitet, in Kombination mit Fragewörtern wie **who**, **where**, **when** oder mit **if** beziehungsweise **whether** für Ja-/Nein-Fragen. Kein Komma trennt den Nebensatz vom Hauptsatz.

Der Unterschied zwischen **if** und **whether** ist minimal: **whether** klingt etwas formeller und kommt öfter in Erzählungen vor.

Interview, 15:00

"**What do** you **have** to say about these allegations?"
"Was sagen Sie zu diesen Anschuldigungen?"

"**Will** you **be cooperating** with the police?"
"Werden Sie mit der Polizei zusammenarbeiten?"

"**Can** he effectively dispel that rumour?"
"Kann er das Gerücht wirksam verwerfen?"

News show, 18:00

We **asked** the President **what** he **had** to say about the allegations.
Wir fragten den Präsidenten, was er zu den Anschuldigungen zu sagen hat.

We **wanted to know if** he **would be cooperating** with the police?"
Wir wollten wissen, ob er mit der Polizei zusammenarbeiten würde.

We **wonder if** he **can** effectively dispel the rumour.
Wir fragten uns, ob er das Gerücht wirksam verwerfen kann.

Ist die Frage nicht mehr gegenwärtig, wird sie in der Vergangenheitsform gestellt: Fragen, die sich mit der Zukunft beschäftigten, werden dann zu Zukunft-in-der-Vergangenheit und **will** wird zu **would**.

Wenn keine Fragen, sondern Aussagen oder Antworten wiedergegeben werden, wird der **Nebensatz in der indirekten Rede** meist durch **that** eingeleitet.

Es wird unterschieden zwischen **say** etwas sagen und **tell/say to someone** jemandem etwas sagen.

Statement, 12:00

"I **refute** these allegations entirely."
"Ich weise all diese Anschuldigungen von mir."

"I **will help** the police with their investigations as much as I **can**."
"Ich werde der Polizei bei ihren Untersuchungen helfen, so sehr ich kann."

"I **have had** some personal problems that I **am** still **dealing** with."
"Ich habe persönliche Probleme gehabt, mit denen ich mich nach wie vor auseinandersetze."

Article, 19:00

The President **said that** he **refuted** the allegations entirely.
Der Präsident sagte, er weise alle diese Anschuldigungen von sich.

He **told** reporters **that** he **would help** the police as much as he could.
Er sagte den Reportern, dass er der Polizei helfen würde, so viel er kann.

He **revealed that** he **had had** personal problems he **was** still **dealing** with.
Er enthüllte, dass er persönliche Probleme hatte, mit denen er sich nach wie vor auseinandersetzt.

Vor allem in der gesprochenen Sprache wird auf **that** als Einleiter zu Nebensätzen in der indirekten Rede verzichtet:
Did you hear? The President said **that** he was going to resign!
Hast du das gehört? Der Präsident sagte, er wolle zurücktreten!

In der indirekten Rede müssen die Zeitformen der Verben oft angepasst werden, wenn das Verb im **Hauptsatz in der Vergangenheit** ist: Jedes Verb in der indirekten Rede wird sozusagen „eine Zeit zurückgestellt“.

Gilt die wiederzugebende Aussage aber noch, oder ist der **Hauptsatz in der Gegenwart sowie in der Zukunft**, so bleiben die Zeitformen unverändert.

“I refute these allegations entirely.”

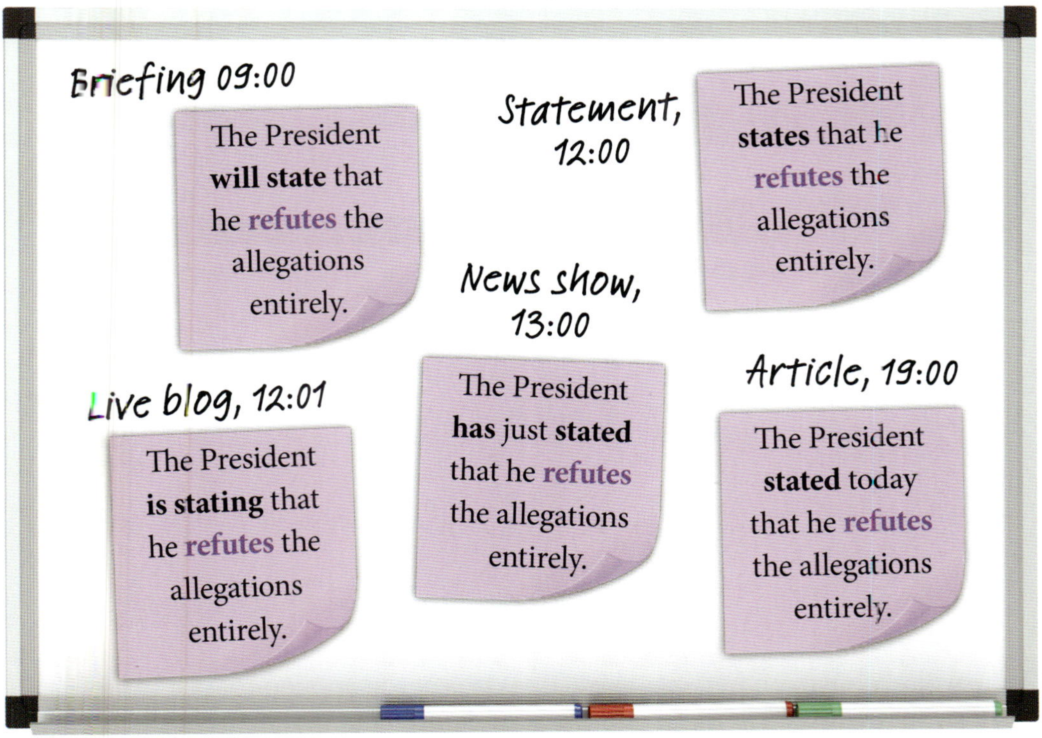

Hier können die Zeitformen in der indirekten Rede einen klaren Bedeutungsunterschied ergeben:

The President **stated** today that he **refutes** the allegations entirely.
Der Präsident gab heute bekannt, dass er alle Anschuldigungen von sich weist. (und tut dies zurzeit immer noch).

The President **stated** today that he **refuted** the allegations entirely.
Der Präsident gab heute bekannt, dass er alle Anschuldigungen von sich wies. (aber möglicherweise hat er seitdem doch eingelenkt).

Auch Modal- und Hilfsverben müssen sich in der indirekten Rede, der Zeitform im Hauptsatz anpassen, wenn die Aussagen oder Fragen, die sie wiedergeben, nicht mehr gelten. Aber Achtung: nicht alle Modal- und Hilfsverben haben Formen für alle Zeiten!

Statement, 12:00	Report, following day
"I **will** not resign."	He said that he **would** not resign.
"He **will have** resigned by tonight."	Some predicted that he **would have** resigned by yesterday night.
"He **may** resign later today."	She claimed he **might** resign later that day.
"He **might** resign later."	She claimed he **might** resign later on.
"He **should** resign now."	Many people said he **should** resign then.
"He **ought to** resign soon."	Many thought he **ought to** resign soon.
"He **must** resign."	Several commentators said **he had** to resign.
"He **would** resign – if he **could**, but he **can't**."	Mr. James was of the opinion that he **would** resign if he **could** – but that he **was not able to**.
"You **cannot** resign."	The party told him that he **could not** resign.
	According to lawyers, he was **not** legally **able to** resign.
"He **could have** resigned."	He was told that he **could have** resigned.
	They said that he **would have been able to** resign.

Direkte Rede	Indirekte Rede
present simple **I think** that.	present simple He **says** he **thinks** that. He **said** he **thinks** that. past simple He **said** he **thought** that.
present progressive **I am thinking** that.	present progressive He **says** he **is thinking** that. He **said** he **is thinking** that. past progressive He **said** he **was thinking** that.
present perfect I **have thought** that.	present perfect He **says** he **has thought** that. past perfect He **said** he **had thought** that.
present perfect progressive I **have been thinking** that.	present perfect progressive He **says** he **has been thinking** that past perfect progressive He **said** he **had been thinking** that
past simple **I thought** that.	past simple He **says** he **thought** that past perfect He **said** he **had thought** that
past progressive **I was thinking** that.	past progressive He **says** he **was thinking** that past perfect progressive He **said** he **had been thinking** that

Die Pronomen können sich verändern, je nachdem wer über das Gesagte berichtet: Aus „I think that" kann alles werden, zum Beispiel: **He** said **he** thinks that, **She** said **he** thinks that, **You** said **he** thinks that, **They** say **you** think that...

In der indirekten Rede ist man mit der Zeitform oft „einen Schritt hinter" der direkten Rede. Nur hinter dem past perfect (had thought, had been thinking) ist kein Schritt mehr! Da bleibt alles gleich.

16 Die Verneinung

Wie verneine ich im Englischen?

Welche Möglichkeiten habe ich hierfür?

Wenn Sie im Englischen etwas **verneinen** wollen, haben Sie dafür mehrere Möglichkeiten.

not > don't

Man kann Dinge im Englischen mit **not** verneinen. Dabei wird der Satz in sein Gegenteil verkehrt. (> entweder man läuft oder eben nicht)

don't
do not

can't
cannot

hasn't
has not

isn't
is not

mustn't
must not

won't
will not

never

hardly

scarcely

rarely

never

no

none
nobody
few

any

Negation von anderen Satzelementen

Ein Satz kann auch zum Teil verneint werden.

(> Wenn es keine Parkmöglichkeit gibt, wird nur die Möglichkeit zum Parken verneint)

Im Englischen gibt es zahlreiche Wörter, die in dieser Form der Verneinung vorkommen.

Negation von Vollverben: do

Fast alle Verben auf Englisch werden mit dem Hilfsverb do verneint.

Verwenden Sie dabei immer die Kurzform von **do/does not** (in der Gegenwart) oder **did not** in der Vergangenheit: **don't/doesn't** beziehungsweise **didn't**. Nur wenn ein Aspekt besonders betont werden soll, verwenden Sie die Langform. **Have** wird mit do verneint, wenn es als Vollverb eingesetzt wird.

I **don't have** a clue what you're talking about. Ich habe keine Ahnung wovon Du redest.

Dabei wird do als Hauptverb eingesetzt – und entsprechend gebeugt – mit dem Negativpartikel not verneint. Das eigentliche Verb wechselt zurück in den Infinitiv (ohne to).

Das heißt, aus **I talk** wird **I do not talk** und aus **he talks** eben **he does not talk** – weil does schon gebeugt ist, bleibt talk in der Grundform.

I don't talk to cops.
Ich spreche nicht mit Polizisten.

You don't scare me.
Du machst mir keine Angst.

He doesn't know anything.
Er weiß nichts.

I didn't see it happen.
Ich habe nicht gesehen, wie es passiert ist.

They didn't have a clue.
Sie hatten keine Ahnung.

I can't hear you!
Ich kann dich nicht hören!

You aren't in charge here!
Du bist hier nicht verantwortlich!

I wasn't asking,
I was telling you!
Ich habe dich nicht darum gebeten, sondern es dir befohlen!

He hasn't been seen lately.
Man hat ihn in letzter Zeit nicht mehr gesehen.

Als Hilfsverb benötigt have kein Hilfsverb wie do und wird durch **not** verneint.

I haven't told me what I want to hear yet.

Außer im past simple mit didn't, wird die Verneinung ohne do für alle Vergangenheitsformen gebraucht:

I **haven't** been, I **hadn't** been, I **wasn't** being, I **hadn't** been being…

Negation von Hilfsverben: not

Die gängigsten Hilfsverben, einige Modalverben und be werden nicht mit do verneint.

Sie werden daher ganz einfach mit dem Negativpartikel not verneint.

Das heißt, aus **you are** wird **you are not** und aus **he must** eben **he must not**. Dies entspricht im Deutschen: ich bin oder ich bin **nicht**. Zusammengeschriebene Kurzformen wie **aren't** und **mustn't** kommen am Häufigsten vor.

Negation mit Details: **never** nie, **rarely** selten, **hardly** kaum

Negative Adverbien wie **never**, **rarely**, oder **hardly** verneinen ein Verb unter der Angabe von Details. (Man erfährt nicht nur, dass etwas nicht, sondern nie, selten oder kaum gemacht wird.)

Dabei wird do als Hauptverb nicht gebraucht und das negative Adverb ersetzt **not**. Es wird bei Vollverben üblicherweise zwischen dem Subjekt und dem Verb eingesetzt. Aus **I talk** wird so **I never talk**, und aus **he talks** wird **he rarely talks**. Bei Hilfs- und Modalverben und to be, folgt das negative Adverb dem Verb: Aus **I am** wird dann **I am never** oder aus **they can** wird **they can hardly**.

He never calls any of us!
Er ruft nie eine von uns an!

Never & Co werden mit do zusammen benutzt, wenn sie betont werden sollen.
He **never did call** any of us!
Er hat noch nie eine von uns angerufen!
Außerdem kann **never** immer durch ein verneintes Verb und **ever** ersetzt werden.
He did**n't ever** call one of us.

Und natürlich muss bei Vollverben **do** für Fragestellungen verwendet werden – auch mit **never**, **rarely**, **hardly** und ähnliche.

Why **does he never call** me anyore?
Wieso ruft er mich nicht mehr an?

I can hardly call at the moment!
Ich kann gerade schwer anrufen!

Allein bedeutet **hardly** so viel wie **kaum** oder **schwer**. Bei **hardly ever** geht es allerdings um eine eingeschränkte Frequenz – so wie bei **scarcely** oder **rarely**: Alle heißen **selten** oder **fast nie**.

Negation anderer Satzelemente: **no** kein, **any** kein

In vielen Sätzen soll nicht die Handlung eines Verbs, sondern ein anderes Element verneint werden.

Am einfachsten können Substantive mit dem Negativpartikel **no** verneint werden. In komplizierten Satzbauten geschieht dies mit einem **verneinten Verb** und **any**.

Ähnliches gilt für Adverbien, die Ort oder Zeit beschreiben.

There's **no answer**.

Für die einfache Abwesenheit von irgendetwas benutzt man **no** – There was no money. In Fragen wird öfter mit einem verneinten Verb und **any** gearbeitet: Was**n't** there **any money**? Formell ausformuliert: Was there **not any money**? (Warum **not** nun vom Verb getrennt wird? Fragesätze im Kapitel 15 nachschlagen!)

Why is **nobody** answering?

So wie aus **no**, **not any** werden kann, kann aus **nobody** – vor allem in Fragen – **not anybody** werden:
Why **isn't anybody** answering?
Keiner oder niemand kann auch mit **no one** beziehungsweise **not anyone** übersetzt werden. Einen Bedeutungsunterschied besteht nicht.

You're going **nowhere**!
You are**n't** going **anywhere**!

Eine einfache Negation kann immer mit **not any** auch in Aussagesätzen ausformuliert werden, wenn es das Objekt des Satzes stellt.
There was **no money**. > There was**n't any money**.
He's going **nowhere**. > He is**n't** going **4**.
Nobody, **nothing** & Co können als Subjekte aber nur in Fragesätzen mit **any** umformuliert werden.

Subj.	**nothing** will make him stop. ~~**no anything** will make him stop.~~
Obj.	He will stop for **nothing**. He wo**n't** stop for **anything**.

no, **never**

I had **no money**.
Ich hatte kein Geld.

No money has been found.
Es wurde kein Geld gefunden.

I have **nothing** to hide.
Ich habe nichts zu verbergen.

Has **nobody** seen him?
Hat ihn niemand gesehen?

Nobody had **anything** to say.
Niemand hatte irgendetwas zu sagen.

They **never stole**.
Sie haben (noch) nie gestohlen.

They **never stole anything**.
Sie haben nie etwas gestohlen.

Doppelte Negation

Wenn ein Satz einmal verneint worden ist – entweder durch das Verb (is not, do not), durch no oder durch ein Adverb wie never – wird bei der Verneinung weiterer Elemente die any-Form angewandt.

You **never** went **any**where/You did**n't ever** go **any**where.
Du bist nie irgendwo hingegangen.

Die doppelte Verneinung hat eine andere Bedeutung und ist daher fast immer falsch. Es lässt sich auch meistens schöner ausdrücken.

You **never** went **no**where > It's not true that you didn't ever go anywhere.

Du bist **nie nirgendwo** hingegangen > Es stimmt nicht, dass du nirgendwo hingegangen bist.

no + no = yes!

not any/ever

I **didn't** have **any money**.
Ich hatte kein Geld.

-

-

I **don't** have **anything** to hide.
Ich habe nichts zu verbergen.

Hasn't anybody seen him?
Hat ihn niemand gesehen?

-

-

They didn't **ever steal**.
Sie haben (noch) nie gestohlen.

They didn't **ever steal anything**.
Sie haben nie etwas gestohlen

Abweichende Negation

Die verneinte Form **must not** ist nicht immer das Gegenteil von **must**.

You **must** confess.
Du musst gestehen.

Du musst/brauchst nicht → You **don't have to.** / You **needn't.** / You **don't need to.**

You **must** confess.
Du musst gestehen.

Du sollst/darfst nicht → You **mustn't.**

17 Zahlen und Mengenangaben

Welche **Unterschiede** gibt es bei den Zahlen?

Wie drücke ich **Mengenangaben** aus?

Wie gebe ich im Englischen die **Uhrzeit**, das **Datum** oder eine **Telefonnummer** wieder?

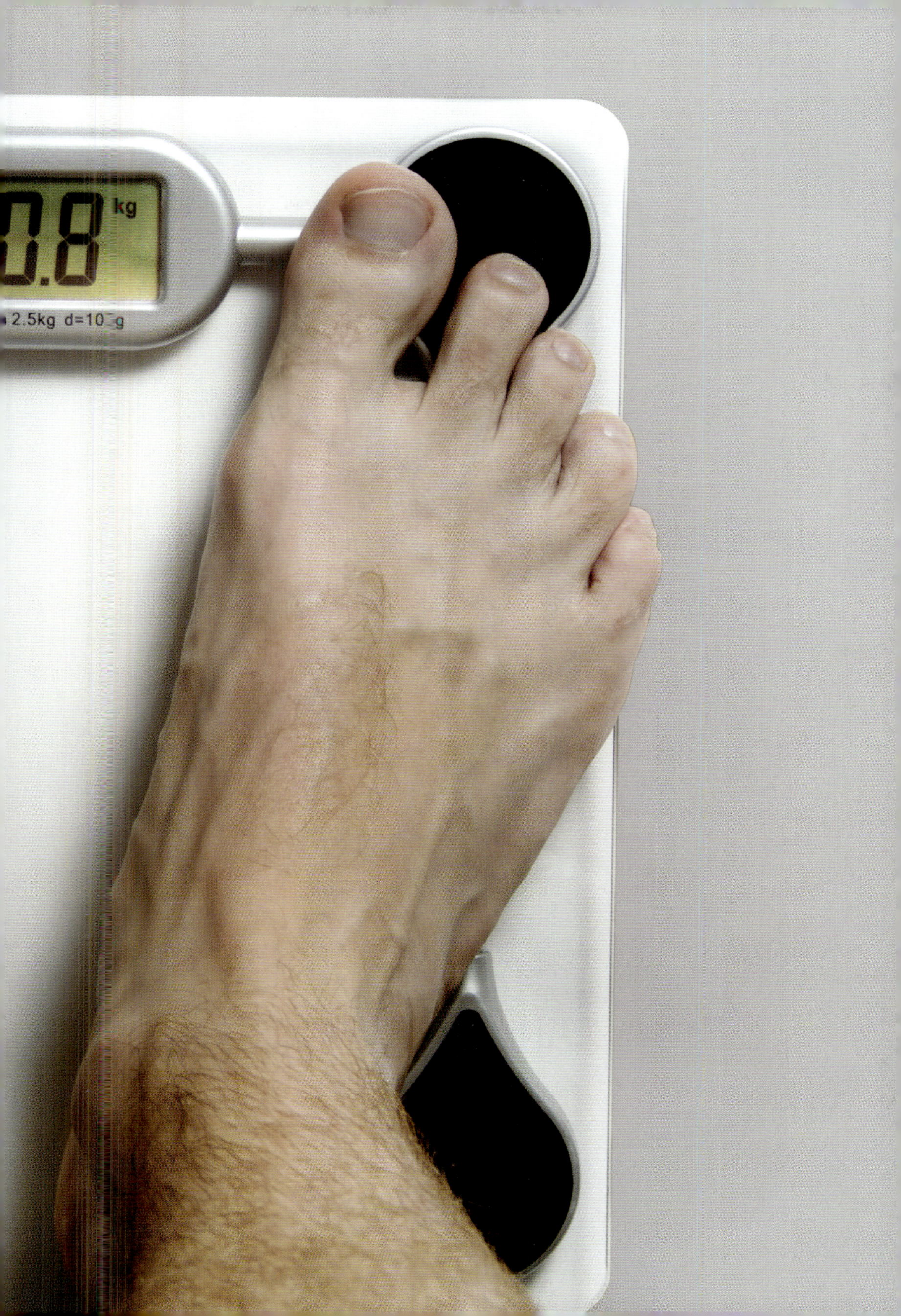
kg

Wie im Deutschen, müssen Sie im Englischen zweierlei Arten von Zahlen beachten. Das sind zum einen die ...

Kardinalzahlen

Kardinalzahlen werden vorrangig verwendet, um zu zählen. Man gibt damit Mengen und messbare Dimensionen sowie die Uhrzeit und Jahreszahl an. Kardinalzahlen werden auch gern als Bezeichnungen (etwa beim öffentlichen Verkehr oder in der Telekommunikation) eingesetzt.

… und zum anderen die …

Ordinalzahlen

Ordinalzahlen werden nicht zum Zählen, sondern zum Aufzählen verwendet. Der Name hilft hier weiter: die Ordinalzahlen geben ja die Ordnung von Zahlen wieder: Zudem werden Ordinalzahlen zur Datumsangabe verwendet. In den USA verwendet man sie für viele Straßen.

Kardinalzahlen

0
zero

Bei wissenschaftlichen Temperaturangaben wird **zero** benutzt: Water freezes at zero degrees Celcius. Wasser gefriert bei 0 Grad Celsius. Von **freezing** wird oft bei Wetter-Prognosen und im Volksmund gesprochen: Temperatures will be below freezing tonight. Die Temparturen werden heute Nacht unter dem Gefrierpunkt sein.

1
one

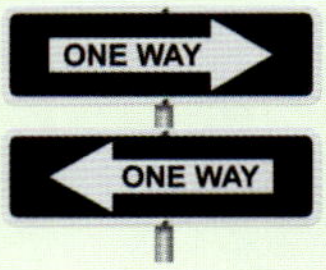

2
two

Zu mündlichen Angaben von Hausnummern, Buslinien und anderen Bezeichnungen im Zahlenbereich 1-20 kommt meistens **number** als Platzhalter dazu.

"I live at number two."
„Ich wohne in Hausnummer 2."

3
three

4
four

5
five

6
six

In Zahlen-Bezeichnungen wie Telefonnummern, Kontodaten oder Linien der öffentlichen Verkehrsmittel, wird 0 nicht als **zero** sondern kurz als **oh** ausgesprochen.

Somit ist die Londoner Telefonnummer 020 7650 0430 als oh two oh, seven six five oh, oh four three oh wiederzugeben.

Die Londoner Buslinie 109 wäre demnach die one oh nine.

pair couple few

Ein **Paar** ist a pair. Für ein **paar** im Sinne von **welche** sagt man a couple oder a few. Ein Liebespärchen heißt auch a couple.

Um die Ungenauigkeit einer Zahl zu unterstreichen, stellt man der Zahl **around** oder **about** voran:

When was it? **Around** nine years ago.
Wann war das? Vor **ungefähr** 9 Jahren.
How many dogs? **About** ten.
Wie viele Hunde? **Ungefähr** 10.

Im guten Gebrauch verwendet man **approximately**:

The were **approximately** ten casualties.
Es gab **ungefähr** 10 Opfer.

In der Umgangssprache werden Formulierungen hinter Zahlen gehängt:
or so, or thereabouts

How many? Ten **or so**.

7 seven

8 eight

9 nine

Es gibt ein paar Wörter, mit denen betont werden kann, dass eine Zahl exakt ist:
exactly, precisely

When was it? Nine years ago **exactly**.
Wann war das? Vor **genau** 9 Jahren.
How many? Eleven **precisely**.
Wie viel? **Genau** 9.

Umgangssprachlicher sind Formulierungen wie:
on the dot, on the nail

How much ist he bill? Seven pounds **on the dot**.

10 ten

11 eleven

twelve =
a dozen

Vor allem bei Lebensmitteln ist der Begriff **dozen** – **Dutzend** – gebräuchlich. Auch wird hin und wieder bei sechs **half a dozen** verwendet
> ein halbes Dutzend.

12 twelve

15

one	› **eleven**	six	› sixteen
two	› **twelve**	seven	› seventeen
three	› **thir**teen	eight	› eighteen
four	› fourteen	nine	› nineteen
five	› **fif**teen		

20

Zahlen zwischen 21 und 99, die **nicht** auf 0 enden, werden in zwei Wörtern **mit** Bindestrich ausgeschrieben.

21 twenty-one
32 thirty-two
43 forty-three
89 eighty-nine

21

two	› **twenty**	six	› sixty
three	› **thir**ty	seven	› seventy
four	› fourty	eight	› eighty
five	› **fif**ty	nine	› ninety

22

Für alle Zehner zwischen 20 und 100 gibt es Bezeichnungen mit **-ies**:
20-29 = twenties 30-39 = thirties 80-89 = eighties 90-99 = nineties

50

99

Am häufigsten beschreibt man damit Jahrzehnte und geschätztes Alter:
She's in her **twenties.** Sie ist ungefähr zwanzig.
She's stuck in the **eighties**! Sie ist in den Achtzigern steckengeblieben!
Achtung: **in the** bezieht sich auf Jahrzehnte, **in my/your/his/her** usw. auf das Alter.

Generell wird **and** bei nicht runden Hunderten mitgesprochen. Manchmal hört man umgangssprachlich **two fifty** statt etwa **two hundred and fifty**.

100 – one hundred
101 – one hundred and one
102 – one hundred and two
110 – one hundred and ten
115 – one hundred and fifteen
123 – one hundred and twenty-three
200 – two hundred
250 – two hundred and fifty
500 – five hundred
999 – nine hundred and ninety-nine

101

999

1000 – one thousand
1001 – one thousand and one
1021 – one hundred and twenty-one
4231 – four thousand, three hundred and twenty-one
9999 – nine thousand, nine hundred and ninety-nine
10,000 – ten thousand

In Großbritannien werden Tausender mit runden Hunderten oft kurz als zwei Zahlen gesprochen, wenn Preise oder Monatsgehälter genannt werden:
2400 – two four, 4700 – four seven
In den USA werden Tausender umgangssprachlich oft in Hundertern genannt:
2400 – twenty-four hundred, 4700 – forty-seven hundred

1 000

9 999

10 000

100 000 – one hundred thousand
999 999 – nine hundred and ninety-nine thousand, nine hundred and ninety-nine
1 000 000 – one million

100 000

Achtung: Eine Milliarde auf Deutsch entspricht one billion auf Englisch:

1 000 000 000 – one billion

Die deutsche Billion ist one trillion:

1 000 000 000 000 – one trillion

Ordinalzahlen

1st
first

2nd
second

3rd
third

4th
fourth

5th
fifth

6th
sixth

Wie im Deutschen sind die **Ordinalzahlen** auf Englisch nicht ganz regelmäßig von den **Kardinalzahlen** abzuleiten

one > **first** ein > erster

Generell gilt: ab 4 enden alle englischen Ordinalzahlen auf th.

9 > **ninth**/29 > **twenty ninth**/999 > **nine hundred and ninety ninth**

Ordinalzahlen werden selten ausgeschrieben – vor allem ab twelfth. Viel häufiger sieht man sie gekürzt:

first – 1st	fourth – 4th
second – 2nd	fifth – 5th
third – 3rd	sixth – 6th

Dabei werden die Abkürzungen immer hochgestellt. Wichtig ist, sich die abweichenden Kürzungen nd für second und rd für third zu merken!

In vielen US-Städten werden die Straßen bekanntermaßen „erste Straße“, „zweite Straße“ usw. benannt. In Adressen stoßen dann **Kardinal**- und **Ordinalzahlen** aufeinander.

Six hundred and twenty Fifth Avenue
> 620 5th Ave.

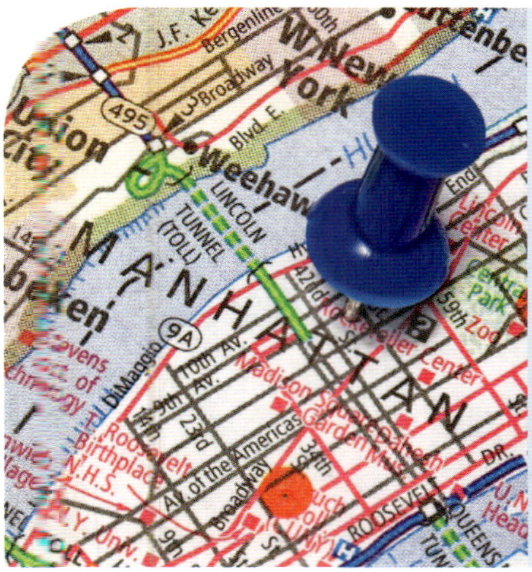

Amerikanische Straßennamen werden ohne Artikel genannt:
He’s on **Third** Street.
Er ist auf der 3. Straße.

Mit Artikel würde es sich um eine Straße handeln, die in irgendeiner Reihe vorkommt:
She lives on **the third** street to the right.
Sie wohnt in der dritten Straße rechts.

7th
seventh

8th
eighth

9th
nineth

10th
tenth

11th
eleventh

12th
twelveth

13th thirteenth

20th twentieth

21st twenty-first

22nd twenty-second

23rd twenty-third

24th twenty-fourth

31st thirty-first

Das Datum wird wie im Deutschen mit **Ordinalzahlen** genannt. Dies kommt daher, dass man früher von „dem **ersten / zweiten / dritten Tag** des Monats" gesprochen hat:

01/01 > 1st January

02/02 > 2nd February

12/12 > 12th December

Auf Englisch gibt es statt Punkt ein Schrägstrich in der Datum-Kurzform: 03.04.05 > **03/04/05**

In Großbritannien und vielen englischsprachigen Ländern wird das Datum so ausgesprochen:

the **seventh** of August

und so geschrieben:

7th August

Das heißt: the und of werden immer mitgesprochen, aber nie mitgeschrieben.

In Nordamerika ist es üblich, den Monat zuerst und dann den Tag anzugeben.

August (the) **seventh**

Und so geschrieben:

August 7

the darf, aber muss nicht mitgesprochen werden. Geschrieben fallen die Ordinal-Kurzformen **st**, **nd**, **rd**, und **th** immer weg.

Hier kann es zu transatlantischen Verwirrungen kommen: **03/04/05** könnte in Großbrittannien 3. April 2005 und in USA 04. März 2005 heißen!

Jahr

Jahreszahlen sind wie im Deutschen **Kardinalzahlen**.
Sie werden aber anders gesprochen und eingeteilt:

Bei kleinen Jahreszahlen muss year oder BC/AD dazu erwähnt werden:

1 AD > the year **one**, **one** AD
11 > the year **eleven**, **eleven** AD
100 > the year **one hundred**, **one hundred** AD
111 > **one hundred and eleven** AD

Ab 100 AD kann auch in Einzelzahlen gesprochen werden.
0 heißt bei Jahren von 0 bis 9 **oh**:
101 > **one hundred and one** AD **oder** **one oh one** AD
711 > **seven hundred and eleven** AD **oder** **seven eleven** AD
Runde Zehner werden zusammen ausgesprochen und ab 1000 (one thousand AD) fällt das Wort hundred in den meisten Fällen weg:
1111 > **eleven eleven** **1150** > **eleven fifty** **nicht** ~~eleven five oh~~

Ab 1900 werden, wie im Deutschen, Jahre gern um das Jahrhundert gekürzt:

1952 > **nineteen fifty-two** **'52** > **fifty-two**

Zwischen 2000 und 2009 (two thousand) wird nicht mehr in Hunderten gezählt:
2002 > **two thousand (and) two** **nicht** ~~twenty-oh-two~~
Ab 2010 gelten wieder beide Zählweisen:
2018 > **two thousand (and) eighteen**, **twenty-eighteen**

Tendenziell kommt die Zahlweise twenty-eighteen eher in USA und eher für noch in der Zukunft liegende Jahren vor.

1
11
100
111
1111
1911

Dezimal,trenn.zeichen

Wo im Deutschen ein Komma zur Trennung steht, steht im Englischen immer ein Trennpunkt – und umgekehrt.

0.1

1.1

10.1

10.11

10.111

Im Englischen ist das Dezimaltrennkomma ein Punkt.

Bei Zahlen (Mathematik, Nachrichten, u. Ä.) wird er als point gesprochen.

1.1 > **one point one**

Dabei wird eine Null vor dem Punkt oft als **naught**, nach dem Punkt meistens als **zero** gesprochen.

0.01 > **nought point zero one**

Als Preise werden Nachkommastellen anders behandelt. Generell fällt der Punkt beim Sprechen weg. Manchmal wird er durch and ersetzt:

£1.01 > **one pound and one (pence)**

Dabei hört man Nachkommabeträgevon 02 bis 09 in UK meistens mit pence.

£2.03 > **two pound (and) three pence**

Wahlweise kann auf nought komplett verzichtet werden:

0.01 > **point zero one**

Zahlen nach dem Punkt werden einzeln gesprochen:

12.345 > **twelve point three four five**

Von 10 bis 99 fällt pence weg. Im UK werden Nachkommazahlen nie einzeln gesprochen:

£10.99 > **ten pounds ninety nine**

Bei runden Zehnern fällt die Null weg:

10.10 > 10.1
ten point one

Bei Vorkommabeträgen ab 10 fällt and völlig weg. Die Währung wird oft nicht erwähnt:

£10.99 > **ten (pounds) ninety nine**

1,000

Tausender werden mit Komma getrennt: bei vierstelligen Zahlen darf das Komma weggelassen werden.

Bei fünf- oder sechsstelligen Zahlen wird das Komma für bessere Lesbarkeit immer mitgeschrieben.

1,000.10

10,000.00

Hier wird klar, wie ein falsches Trennzeichen zu Missverständnissen führen kann.

One **thousand** and ten point one zero one.

One **million** ten thousand one hundred and one

1,010.101

Bruchzahlen

Die häufigsten Bruchzahlen im Englischen sind:

$\frac{1}{2}$ - **half** $\frac{1}{4}$ - **quarter**

$\frac{1}{3}$ - **third** $\frac{1}{5}$ - **fifth**

Statt **quarter** hört man – vor allem in der Mathematik – **fourth**.

Half wird ohne eigenen Artikel und direkt vor dem Substantiv verwendet:
Half an hour, **half** a liter, **half** a rabbit

Andere Bruchzahlen brauchen **a** oder **the** und werden mit **of** von Substantiven getrennt.
A third of a liter, **three quarters of** an hour

Alle anderen Bruchzahlen stehen mit Ordinalzahlen:

$\frac{1}{6}$ - **sixth** $\frac{1}{20}$ - **twentieth** $\frac{1}{100}$ - **hundredth**

Vor allem kompliziertere Bruchzahlen können auch mathematisch wiedergegeben werden:

17/25 **seventeen twenty-fifths**
oder **seventeen over twenty-five**
oder **seventeen divided by twenty-five**

Aus den englischen Bruchzahlen leiten sich auch zwei Verben ab:

to halve, to quarter
etwas halbieren, etwas vierteln

Alles andere Teilen wird so ausgedrückt:

to divide by/into…
durch / in … teilen

Vervielfältigung

Sonderwörter für Vervielfältigungen gehen bis vier:

doppelt - **double**
dreifach - **triple**
vierfach - **quadruple**

Mal wird **quintuple** für fünffach verwendet.
Danach heißt es:
six times, **seven times**, **twenty times**

Aus **double**, **triple** und **quadruple** werden auch Verben hergeleitet:

> The rabbit population **has tripled**.
Die Kaninchenbevölkerung hat sich verdreifacht.

Oft wird bei allen Zahlen **times** in der Vervielfältigung verwendet:

three times, **four times**

There are **three times** the rabbits.
There are **three times as many** rabbits now.

Beim Zweifachen sagt man **twice**, wobei **two times** auch vorkommt.

It's **twice as many** again!

Bei wiederkehrenden Ereignissen werden besondere Adverbien verwendet:
The rabbits were culled **once** (one time).
Die Kaninchen wurden 1 Mal abgeschossen.
The rabbits were culled **twice** (two times).
Immer weniger verwendet - aber noch zu finden - ist thrice:
The rabbits were culled **thrice** (three times).
Ab dreimal wird einfach die jeweilige Zahl mit times verwendet.
The rabbits were culled **ten times** last year.

12-Stunden-Zählung

Sprecher des Englischen benutzen im Gespräch und bei Verabredungen fast ausschließlich die 12-Stunden-Zählung.

Die 12-Stunden Uhr ist dehnbar. Mit ihr werden Verabredungen getroffen oder Uhrzeiten erwähnt, bei denen es nicht auf die Minute ankommt.

Meistens ist aus dem Kontext schon ersichtlich, ob es sich um eine morgendliche, nachmittägliche, oder abendliche Zeit handelt:

We had breakfast at around **eight**.
Wir haben gegen 8 Uhr gefrühstückt.

They're going to lunch at **12:30**.
Sie gehen um 12 Uhr 30 zum Mittagessen.

Shall we meet for a drink at **seven**?
Sollen wir uns um 19 Uhr auf einen Drink treffen?

Wo Unklarheiten entstehen könnten wird schriftlich der Zusatz AM (lat.: ante meridiem – vor dem Mittag) für 00:00 bis 12:00 und PM (lat.: post meridiem – nach dem Mittag) für 12:00 bis 24:00 verwendet – oder die Tageszeit erwähnt.

The film starts at 11:00 PM.
Der Film beginnt um 23 Uhr.

The film starts at 11:00 in the morning.
Der Film beginnt um 11 Uhr morgens.

In der 12-Stunden-Zählung werden sehr oft ungenaue Zeitangaben gemacht:

It was **about** ten past one.
I'll see you at **around** one.
He's due at **just after** one.
It's **just before** one o' clock.

Umgangssprachlich wird o' clock sehr oft weggekürzt. Auch fällt die Stunde oft weg, wenn diese schon bekannt ist.

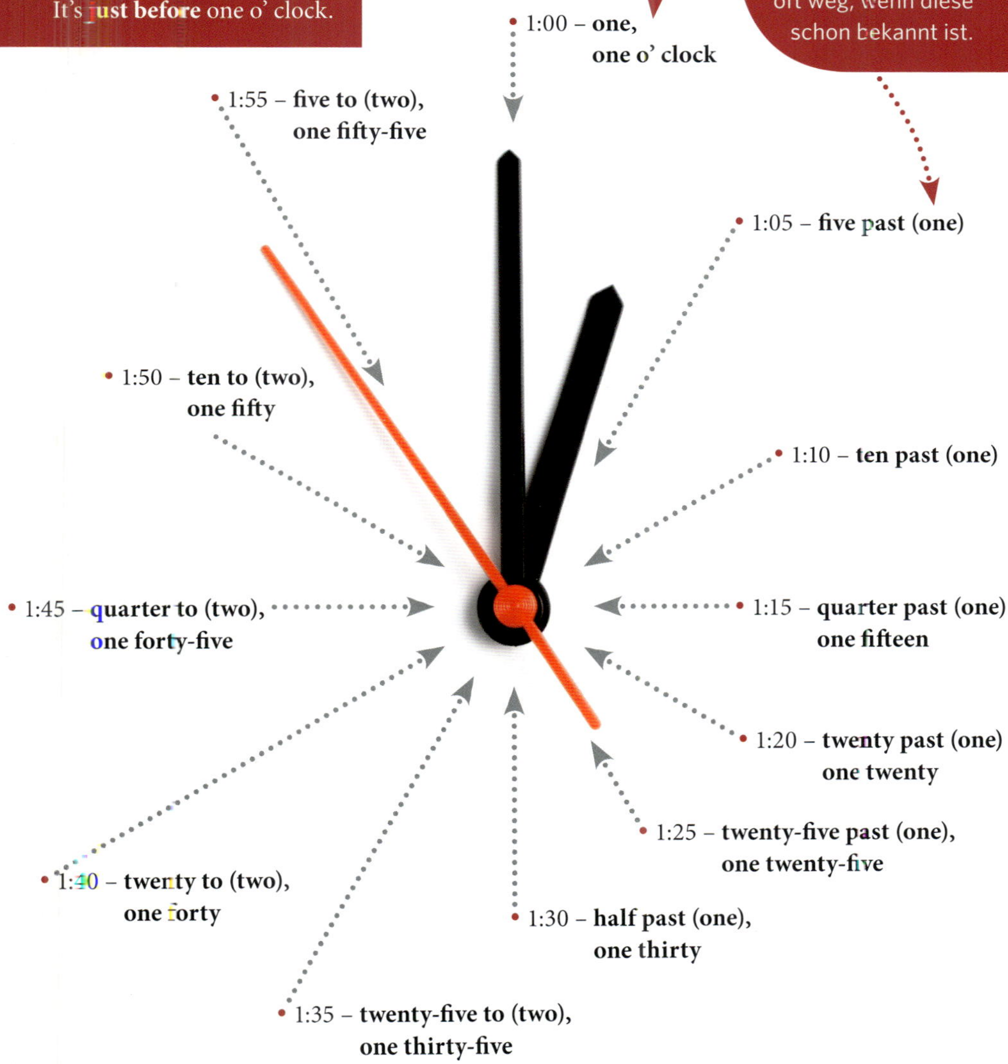

An der halben Stunde ist es üblicher in der 12-Stunden-Zählung, für die verbleibenden Minuten bis zur vollen Stunde – **to** – zu sagen.

Achtung! In Großbritannien wird beispielsweise **half past one** in der Umgangsprache oft auf **half one** gekürzt. Dies entspricht dann dem Deutschen „halb eins" nicht mehr! Im Deutschen ist „halb" die Hälfte der **kommenden** Stunde, im Englischen die Hälfte der **angebrochenen** Stunde.

Die 24-Stunden-Zählung

In englischsprachigen Ländern ist die 24-Stunden-Zählung immer eine offizielle Angelegenheit.
Am häufigsten sieht man sie geschrieben.
Gesprochen wird sie höchstens bei Durchsagen auf Bahnhöfen, Flughäfen, o. Ä. sowie beim Militär.

Beim Sprechen der 24-Stunden-Zählung werden ausschließlich Zahlen gesprochen.
Die Stunde wird von den Minuten durch einen Bindestrich getrennt.
Zweistellige Zahlen nach dem Bindestrich werden immer zusammengesprochen – 45 ist nie ~~**four five**~~, sondern **forty-five**.
Ist die erste Zahl nach dem Bindestrich eine Null, so wird diese **oh** ausgesprochen – nie ~~**zero**~~ oder ~~**nought**~~.
Ist die erste Zahl vor dem Bindestrich eine Null – z.B. 01:15 – so wird diese nicht gesprochen: one, nicht oh one.

01:00	One hundred hours
01:02	One oh two
01:11	One eleven
01:45	One forty-five
01:58	One fifty-eight
13:00	Thirteen-hundred hours
13:01	Thirteen oh one
13:05	Thirteen oh five
13:30	Thirteen thirty
13:59	Thirteen fifty-nine

Die volle Stunde heißt immer hundred hours.

Null Uhr wird äußerst selten gesprochen und selbst Sprecher des Englischen sind sich oft unsicher, wie sie auszusprechen ist. 00:00 heißt zero hundred hours. Von 00:01-00:09 werden die Nullen vor dem Bindestrich nicht gesprochen: 00:05 wäre also einfach oh five. Von 00:10 bis 00:59 wird nur eine Null gesprochen. So heißt zum Beispiel 00:35 oh thirty five.

Bei Bahngesellschaften und in vielen Flughäfen werden Züge und Flugzeuge nach ihrer Abfahrtszeit benannt.

Ein Zug, der um 19:35 nach Brighton abfährt, wird dann so durchgesagt:

the nineteen thirty-five train to Brighton

Gern werden statt **train** Wörter wie **service** oder **departure** verwendet. So hieße ein Zug um 14:09 nach Dover:

the fourteen oh-nine service to Dover

Zwischen Bahnfahrern im Gespräch würde der Zug aber in der 12-Stunden-Zählung genannt und würde daher heißen:

the train at nine past two to Dover oder
the nine past to Dover

Beim Militär ist der Gebrauch etwas anders. Geschrieben werden Uhrzeiten ohne Bindestrich:

0000 0113 1416 2009

Im Gegensatz zum alltäglichen Gebrauch werden Nullen am Anfang mitgesprochen:

0100 – zero one hundred hours

0201 – zero two oh one

0310 – zero three ten

Mengenangaben

Um eine Menge korrekt auf Englisch anzugeben, ist die wichtigste Frage: Handelt es sich um ein **zählbares oder nichtzählbares Substantiv**? (Genau: die aus Kapitel 2 schon wieder!)

zählbar

Kann etwas gezählt werden, wie z.B. two cows, fifteen grapes - werden diese Mengenangaben benutzt:

few wenige
many viele
lot of viele
not many nicht viele
lots of viel

unzählbar

Braucht etwas ein Hilfswort, um gezählt zu werden, wie z.B.: four glasses of milk (auf keinen Fall: ~~four milks~~) oder five bottles of wine (~~five wines~~), werden folgende Mengenangaben benutzt:

little wenig
much viel
not much nicht viel
a lot of viel
a little ein bisschen
lots of viel

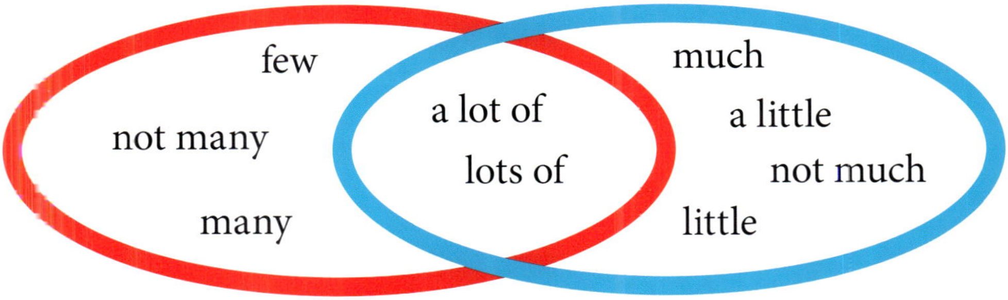

Not many cows are happy.
Nicht viele Kühe sind glücklich.

Many cows are involved.
Viele Kühe sind mit einbezogen.

A lot of cows are unhappy.
Viele Kühe sind unglücklich.

They drink **a lot of** milk.
Sie trinken viel Milch.

They don't drink **much** milk.
Sie trinken nicht viel Milch.

A little milk in the tea, please.
Ein bisschen Milch im Tee, bitte.

Nach Mengen wird mit **how many** nach zählbaren oder mit **how much** nach unzählbaren Substantiven gefragt.

How many cows voted for independence?
Wie viele Kühe stimmten für die Unabhängigkeit?

How much milk do humans drink every year?
Wie viel Milch trinken Menschen jährlich?

Außerhalb des schriftlichen Gebrauchs werden **much** und **little** selten in Aussagen benutzt:

There was **much** commotion > Es gab viel Unruhe. (literarisch)
There was **a lot of** commotion > Es gab richtig Unruhe. (alltäglich)

Ähnliches gilt für **few**, was inzwischen eher in der Schriftsprache verwendet wird:

Few people came > Es kamen nur wenige. (geschrieben)
Not many people came > Es kamen nicht viele. (gesprochen)

Gesteigert wird bei many, much, a lot of und lots of mit more:

I need more cows to get more milk Ich brauche mehr Kühe für mehr Milch.

Bei little wird mit less, bei few mit fewer gesteigert:

If I have fewer cows, I'll have less milk Wenn ich weniger Kühe habe, habe ich weniger Milch.

STICHWORTREGISTER

BILDNACHWEIS

S.3: fotolia/ DiMmEr, S. 4+5: fotolia/ peshkova, S. 6: © Pete Saloutos - Fotolia.com, S. 7: sepiaischeating - Fotolia.com, **KAPITEL 1:** S. 8+9: © sepiaischeating - Fotolia.com, S. 11 (Post-it): © kmit - Fotolia com, (Schild): shutterstock/ Raywoo, S. 12 (Fußballfeld): © jarma - Fotolia.com, (Raupe): shutterstock.com/ Ziga Camerni, (Hund liegt auf Rücken): fotolia/ Willee Cole, (Kaninchen): fotolia.de/ Pavel Sazonov, S. 13: shutterstock/ Carlos E. Santa Maria, S. 14 (Kind trommelt): thinkstock (sumnersgraphicsinc), S. 15 (Valentinstag): © vectomart - Fotolia.com, (Schild Breakfast): © Delphimages - Fotolia.com, (Gefängnis): © Sura Nualpradid - Fotolia.com, (Bus): © erichon - Fotolia.com, S. 16: © Nikolai Sorokin - Fotolia.com, S. 17 (Yoga): © byheaven - Fotolia.com, (Mann+Geld): © Daniel Mock - Fotolia.com, (Mann poliert Wagen): © albert schleich - Fotolia.com, (Regen): © yulia eniseyskaya - Fotolia.com, **KAPITEL 2:** S. 18+19: © bradcalkins - Fotolia.com, S. 22:© Massimiliano Gallo - Fotolia.com, S. 23 Flaggen: fotolia/ dip, (Mann) © richcat - Fotolia.com, S. 25: © Tilo Grellmann - Fotolia.com, S. 27: © Stocksnapper - Fotolia.com, S. 29: (Junge): © HaywireMedia - Fotolia.com, (To-do list): © iQoncept - Fotolia.com, **KAPITEL 3:** S. 32+33: © LoloStock - Fotolia.com, S. 34: thinkstock (Fuse), S. 36 (Mann): © Aleš Nowák - Fotolia.com, (Frau): © Maridav - Fotolia.com, S. 37 (Mann mit Kinderwagen): © Ursula Deja - Fotolia.com, (Autoschlüssel): © Africa Studio - Fotolia.com, S. 38: © Alena Ozerova - Fotolia.com, S. 39: (Geschenke): thinkstock (Kenishirote), (Männer): © grape_vein - Fotolia.com, S. 40 (Finger): © cherries - Fotolia.com, (Junge): © Luis Louro - Fotolia.com, S. 42 (Frau auf Koffer): © Africa Studio - Fotolia.com, (im Kino): © Scott Griessel - Fotolia.com, **KAPITEL 4:** S. 46+47: © niyazz - Fotolia.com, S. 50: Filmklappe: shutterstock/ Alex Staroselsev, (alle anderen Fotos von links nach rechts): shutterstock/ trotalo, shutterstock/ StockPhotoAstur, shutterstock/ imagefactory studio, shutterstock/ Christian Mueller, shutterstock/ Nuno Filipe Morgado Mendes Ferreira, S. 51 (von links nach rechts): © Igor Mojzes - Fotolia.com, shutterstock/ Matthew Nigel, shutterstock/ Gordon Swanson, shutterstock/ Ruth Black, S. 54: (Fahndungszettel): © RTimages - Fotolia.com, (Hundehütte, auch S. 55): © Eric Isselée - Fotolia.com, (Pantoffel): thinkstock (adisa), S. 55 (Hund Fahndungsfoto): © javier brosch - Fotolia.com, S. 58+59: Dominik Iwanowicz, S. 60: shutterstock/ Alberto Loyo, S. 61 (Junge+ Süßigkeiten): © Jan Jansen - Fotolia.com, (Frau liegt auf der Straße): shutterstock/ eldar nurkovic, (Mann schreit): © olly - Fotolia.com, (Boxhandschuhe): © freshidea - Fotolia.com, **KAPITEL 5:** S. 62: thinkstock (Ron Chapple Studios), S. 63 thinkstock (GlobalP), S. 65: thinkstock (JupiterImages © Getty Images), S. 66: thinkstock (Roman Antonov), S. 67 (Frau) thinkstock (fotomy), (Golfball): thinkstock (mjC007), (Englisches Frühstück): fotolia/ MediablitzImages, S. 70 (Quallen): thinkstock (ginosphotos), (Krokodil): thinkstock (Digital Vision/ Anup Shah), (Schlange): thinkstock (Fuse), S. 71 (von links nach rechts und von oben nach unten): thinkstock (mornay), thinkstock (Kiril Zdorov), thinkstock (Roger De Marfà),): thinkstock (ozgurkeser), thinkstock (Giordano Aita), thinkstock (schafar), thinkstock (Ingram Publishing), thinkstock (Pixland), thinkstock (Digital Vision/ Michael Blann), S. 72 (Hunde auf dem Rücken): thinkstock (WilleeCole), (Hund ärgert den anderen): thinkstock (John Mcallister), S. 73 (von oben nahc unten): thinkstock (Silense), thinkstock (Zoonar/E.Lam), thinkstock (Eric IsselTe), S. 74 (Mann): thinkstock (Brand X Pictures), (Yes) thinkstock (Janaka Dharmasena), S. 75: fotolia/ marcleroux, **KAPITEL 6:**

S. 76+77: © Maxim Malevich - Fotolia.com, S. 80: thinkstock (Dean Mitchell), S. 81: © ambrozinio - Fotolia.com, S. 82+83: thinkstock (ANNA-PONCHINA), S. 84 (von links nach rechts) © william87 - Fotolia.com, fotolia / Silvano Rebai, © stuporter - Fotolia.com, S. 85: thinkstock (Vold77), S. 86: thinkstock (gyso4ka), S. 87 (von oben nach unten): thinkstock (gyso4ka), thinkstock (elena moiseeva), thinkstock (gyso4ka), **KAPITEL 7:** S. 88+89: © hatmuth - Fotolia.com, S. 90 + 91: © Dmitrijs Dmitrijevs - Fotolia.com, **KAPITEL 8:** S. 92+93: B Calkins, S. 94+95: thinkstock (Korovin), S. 96 (Barkeeper): thinkstock (ViewApart), (Mofa): thinkstock (Photodisc), S. 98: thinkstock (Zoonar RF), S. 99 (von oben nach unten): thinkstock (Alexey Kuznetsov), thinkstock (shironosov), thinkstock (ASIFE), thinkstock (Darrin Klimek), S. 100: © Karen Roach - Fotolia.com, S. 101: (Kinder) thinkstock (Michael Blann), (Hund): thinkstock (Greenwingphoto), (Vorhang): thinkstock (moodboard), S. 102 (‚speak English?‘): thinkstock (flytosky11), (Frau): thinkstock (OSTILL), S. 103 (Vorsätze): thinkstock (marekuliasz), (Cabrio): thinkstock (Jupiterimages), S. 104 (Teller+Besteck): thinkstock (Eivaisla), (Fisch) thinkstock (Witold Krasowski), (Mann): thinkstock (lofilolo), S. 105 (Auto): thinkstock (pjirawat), (Scherbenhaufen): thinkstock (Martin Poole), S. 106 (Papier mit Clips): thinkstock (RusN), S. 107 (Ringblock): thinkstock (pigphoto), S. 109: thinkstock (Andrey_Kuzmin), S. 111: thinkstock (Kay Lee Davies), S. 112 (Einkaufsliste): thinkstock (glegorly), (Mann+Frau): thinkstock (RenÃ© Jansa), S. 113: thinkstock (kirza), S. 114: thinkstock (lucato), S. 116: thinkstock (Morozov67), S. 117: thinkstock (Oleksiy Fedorov), S. 118: thinkstock (i_talay), S. 119: thinkstock (caimacanu), S. 120: thinkstock (Thomas Northcut), S. 121 (Skifahrer in Schnee): thinkstock (Fuse), (Skifahrer Salto): thinkstock (Digital Vision), S. 125: thinkstock (Eugene Gurevich), **KAPITEL 9:** S. 126+127: shutterstock/ Karin Hildebrand Lau, **KAPITEL 10:** S. 130+131: © Gabriele Rohde - Fotolia.com, S. 135: © VRD - Fotolia.com, S. 136 (Mädchen): thinkstock (Anpet2000), (Muffin): © Inga Nielsen - Fotolia.com, S. 137 (Rotkäppchen): thinkstock (captblack76), (Esel): © Dieter Hawlan - Fotolia.com, S. 138: thinkstock (Ingram Publishing), S. 139: thinkstock (Brett Hillyard), S. 140 (von oben nach unten): © karenfoleyphoto - Fotolia.com, © roibu - Fotolia.com, thinkstock (Hemera Technologies), S. 141 (von oben nach unten): © Kirill Kedrinski - Fotolia.com, © onepony - Fotolia.com, thinkstock (Balazs Kovacs), S. 142 (Hände; auch S. 143, 146, 147, 150, 151, 156, 157, 162, 163) thinkstock (Michael Blann), S. 144: © Gudellaphoto - Fotolia.com, S. 145: thinkstock/ vitranc, S. 148: © Robert Neumann - Fotolia.com, S. 149: thinkstock (Photos.com), S. 153: thinkstock (h_a ex), S. 154 (zerbeultes Auto): thinkstock (Lumiphi), (kaputte Autos): thinkstock (hroe), S. 155: thinkstock (photobac), S. 157: (Frau+ Schild): thinkstock (Aleksander Kaczmarek), S. 158: © Lisa F. Young - Fotolia.com, S. 159: © Gino Santa Maria - Fotolia.com, S. 160: thinkstock (Photodisc), S. 161: thinkstock (Polka Dot), **KAPITEL 11:** S. 164+165: shutterstock/ Ivelin Radkov, S. 166: © tournee - Fotolia.com, S. 167: © Gold Stock Images - Fotolia.com, S. 168: © carballo - Fotolia.com, S. 170 (von oben nach unten): © Scott Griessel - Fotolia.com, thinkstock (CREATISTA), S. 171 (von oben nach unten) thinkstock (CREATISTA), thinkstock (CREATISTA), S. 172: © chones - Fotolia.com, S. 174 (Mann mit Hemd): thinkstock (tommasolizzu), (Mann schneidert): © Tyler Olson - Fotolia.com, S. 175 (Superman Silhouette): thinkstock (rudall30), (Superman sitzt): thinkstock (alphaspirit), S. 176 (von oben nach unten, von links nach rechts): © Willee Cole -

Fotolia.com, © Willee Cole - Fotolia.com, © Willee Cole - Fotolia.com, © Willee Cole - Fotolia.com, S. 177 (von oben nach unten, von links nach rechts): © Andres Rodriguez - Fotolia.com, © Willee Cole - Fotolia.com, © Willee Cole - Fotolia.com, © Barbara Helgason - Fotolia.com, **KAPITEL 12:** S. 178+179: thinkstock (Scott Griessel), S. 183: © roxx0r - Fotolia.com, S. 184 (Junge): thinkstock (Peter Hansen), (Baby): thinkstock (Pavel Losevsky), S. 185 (Gummistiefel): thinkstock (Fuse), (Mädchen) thinkstock (vladacanon), (Fußball): thinkstock (Oleksii Sagitov), S. 187: © littleny - Fotolia.com, S. 188: (Eisbär): thinkstock (GlobalIP), (Gabel): © Jenifoto - Fotolia.com, S. 189 (von oben nach unten): thinkstock (sumnersgraphicsinc), © Warren Goldswain - Fotolia.com, thinkstock (Jupiterimages), S. 190: thinkstock (Nixken), S. 191: thinkstock (Eyecandy Images), S. 193: thinkstock (Photo and Co), S. 194 (Schiff): thinkstock (Dariusz Kuzminsk), (Fußspuren): thinkstock (Robert Armbrust), (Mann): © LoloStock - Fotolia.com, S. 195: (Mann): thinkstock (IPGGutenbergUKLtd), (Pärchen): © maksimshirkov - Fotolia.com, S. 196 + 197 (Icons Sonne): shutterstock/ Alila Medical media, S. 196+197: (Tierarzt und Frau): © goodluz - Fotolia.com, S. 196: (Schreibtisch 1): thinkstock (gemenacom), (Vase): © design56 - Fotolia.com, S. 197: (Schreibtisch): thinkstock (gemenacom), (Vase): © design56 - Fotolia.com, S. 198 (Tisch): thinkstock (Goodshoot), (Kalender): © Les Cunliffe - Fotolia.com, S. 199: thinkstock (Mike Watson Images), S. 200: (Tisch): thinkstock (Goodshoot), (Frau): © darkbird - Fotolia.com, S. 201 (Abwasch): thinkstock (CamiloTorres), (Frau): © olly - Fotolia.com, S. 202 (Abwasch): thinkstock (CamiloTorres), (Frau): thinkstock (Noah Golan), S. 203 (Menschen): thinkstock (BananaStock), (Frau): thinkstock (Noah Golan), S. 204 (Mann): thinkstock (fotofrankya), (Grabstein): thinkstock (Moderzoom), (Verkäufer): thinkstock (sumnersgraphicsinc), S. 206+207 (Spieltisch): thinkstock (kiko_jimenez), S. 207 (Spieler mit Jetons): thinkstock (marion birdy), (Spieler niedergeschlagen): thinkstock (Wavebreak Media), **KAPITEL 13:** S. 208+209: © andrewburgess - Fotolia.com, S. 212(Frau zuckt Schultern, auch S. 216, 220, 224): © Gina Sanders - Fotolia.com, S. 213: (Mann zieht Frau) shutterstock/ wavebreakmedia, (Auto): thinkstock (turbo83), S. 217 (Mann; auch S. 225): thinkstock (BananaStock), (Vulkan; auch S. 225): © Jochen Scheffl - Fotolia.com, S. 221 (Auto): © spanky1 - Fotolia.com, S. 228: thinkstock (Jupiterimages), S. 229: thinkstock (deyangeorgiev), **KAPITEL 14:** S. 230+231: shutterstock/ filmfoto, S. 232 (Pinzette links): Ablestock.com, (Pinzette rechts): thinkstock (Enskanto), S. 233 (Pinzette+ Ampulle): thinkstock (Volodymyr Krasyuk), (Lupe): © RFsole - Fotolia.com, S. 234: thinkstock (Siri Stafford), S. 235 (Feuerzeug): © selezenj - Fotolia.com, (Explosion): © ramzi hachicho - Fotolia.com, S. 239 (Bahngleise): thinkstock (kadak), (Schild): © totajla - Fotolia.com, S. 240: © Antje Lindert-Rottke - Fotolia.com, S. 241: thinkstock (moodboard), **KAPITEL 15:** S. 242: © Edler von Rabenstein - Fotolia.com, 243: © El Gaucho - Fotolia.com, S. 244 (Frau vor Tafel): thinkstock (Jupiterimages), (Detektiv): shutterstock/ Ysbrand Cosijn, (Verkäufer): thinkstock (sumnersgraphicsinc), (Wahrsagerin): © Pete Saloutos - Fotolia.com, S. 245 (Bankräuber): © Antonio Gravante - Fotolia.com, (Mann+ Schreibmaschine): © olly - Fotolia.com, (Frau+Schädel): thinkstock (Andrey Milkin), (Moderatorin): thinkstock (withgod), S. 246: thinkstock (Jupiterimages), S. 247: shutterstock/ Ysbrand Cosijn, S. 248: thinkstock (Oleksii_Sagitov), S. 249: thinkstock (bizoo_n), S. 251+ 252: shutterstock/ Ysbrand Cosijn, S. 254: © Antonio Gravante - Fotolia.com, S. 255:

© Chris Boswell – Fotolia.com, S. 256 (Mann vor Schreibmaschine): © olly – Fotolia.com, S. 258 (Verkäufer): thinkstock (sumnersgraphicsinc), S. 259: © tournee – Fotolia.com, S. 260: © deusexlupus – Fotolia.com, S. 261: © tournee – Fotolia.com, S. 262 (Wahrsagerin): © Pete Saloutos – Fotolia.com, S. 264 (Landkarte): thinkstock (Ingram Publishing), (Mönch): thinkstock (IgorIgorevich), (Uhr): © Lars Koch – Fotolia.com, S. 267 (Alder): thinkstock/ Purestock, S. 268: (Frau mit Schädel): thinkstock (Andrey Milkin), S. 269 (oben): thinkstock (Fuse), (unten): thinkstock (Leonard Mc Lane), S. 270: (Text): thinkstock (William Keith Wheatley), (Frau): thinkstock (John Rowley), S. 271: thinkstock (moodboard), S. 272 (Moderatorin): thinkstock (withgod), S. 273: (Interview): fotolia / picsfive, (Moderatorin): thinkstock/ : Alexander Podshivalov, S. 274 (Journalisten): thinkstock (Digital Vision), (News): thinkstock (scyther5), S. 275 (Mikrophon): thinkstock (Alex Kalmbach), (Weißes Brett): thinkstock (Johan Hedengran), S. 276: thinkstock (Mihajlo Maricic), **KAPITEL 16:** S. 278+279: © imageegami – Fotolia.com, S. 280 (don't walk): © Chris Boswell – Fotolia.com, S. 281: (von oben nach unten): thinkstock (Andrea Haase), © FM2 – Fotolia.com, S. 282: thinkstock (MicroWorks), S. 283: © jinga80 – Fotolia.com, S. 284: (beide Frauen): © Scott Griessel – Fotolia.com, (Mann): © alexandrulogel – Fotolia.com, S. 285 (beide Frauen): © Scott Griessel – Fotolia.com, S. 286 (Bankräuber): © apops – Fotolia.com, S. 287: thinkstock (McIninch), **KAPITEL 17:** S. 288+289: © Thomas – Fotolia.com, S. 290 (Big Ben): thinkstock (Marek Slusarczyk), (Dial 999) shutterstock/ Lance Bellers, (Subway): thinkstock (littleny), S. 291: (Straßenschild New York): thinkstock (Jean-nicolas Nault), (Second Class Mail): © Alex Yeung – Fotolia.com, (First Class Mail): © milesgilmour – Fotolia.com, (Train First Class): thinkstock (David Asch), S. 292: (One Way): © Karen Roach – Fotolia.com, (Mile 0): © kennytong – Fotolia.com, (Bus): © Bikeworldtravel – Fotolia.com, S. 293: (Hunde) © CallallooAlexis, (Mann zählt Kekse): thinkstock (Hill Street Studios), (Dutzend Eier): © jvinasd – Fotolia.com, S. 294: (von oben nach unten): © creative soul – Fotolia.com, thinkstock (Dick Luria), © zea_lenanet – Fotolia.com, S. 295: shutterstock/ Lance Bellers, S. 296: (von oben nach unten): © Rafael Ben-Ari – Fotolia.com, © Delphimages – Fotolia.com, (Straßenschild New York): S. 297 (620 Fifth Avenue): thinkstock (magnez2), (Subway): thinkstock (littleny), (Stadtplan), S. 301: (Aktientafel) © HerrBullermann – Fotolia.com, S. 302 (Koch): thinkstock (Wavebreakmedia Ltd), S. 303 (von oben nach unten): thinkstock (ptaha_c), thinkstock (Zurijeta), thinkstock (Zurijeta), S. 304: © blechbox – Fotolia.com, S. 305: thinkstock (lucato), S. 308: (Kühe+Schafe): © Eric Isselée – Fotolia.com, (Milch): © Okea – Fotolia.com, (Trauben): © elenabdesign – Fotolia.com, (Weinglas): © Igor Normann – Fotolia.com

Schritt für Schritt zum Lernerfolg

ISBN: 978-3-12-560821-4
[D] 29,99 € **[A]** 30,90 €

- Das **Lernbuch** und die **Audio-CDs** vermitteln Ihnen alle wichtigen Grundlagen – von der Grammatik bis zum Wortschatz.
- In den **Videos** hören Sie in zahlreichen **Interviews mit Muttersprachlern** Englisch, wie es wirklich gesprochen wird. In weiteren Kurzfilmen erklärt Ihnen ein Lehrer anschaulich die wichtigsten grammatischen Besonderheiten im Englischen.
- Die **Online-Tests** zeigen Ihnen, was Sie schon alles gelernt haben, und motivieren zum Weitermachen!

Auch für Fortgeschrittene bis Niveau B2!

ISBN: 978-3-12-560828-3
[D] 29,99 € **[A]** 30,90 €

Für Anfänger (A1) und Wiedereinsteiger (A2).

PONS
www.pons.de